YO HABLO BORICUA

YO HABLO

BORICUA

Julio Hernández

Ponce, Puerto Rico

Número de Control de la Biblioteca del Congreso de EE. UU.:   2013905274
ISBN: Tapa Blanda   978-1-4633-5406-0
               Libro Electrónico   978-1-4633-5405-3

Fecha de revisión: 21/03/2013

Para realizar pedidos de este libro, contacte con:
Palibrio
1663 Liberty Drive
Suite 200
Bloomington, IN 47403
Gratis desde EE. UU. al 877.407.5847
Gratis desde México al 01.800.288.2243
Gratis desde España al 900.866.949
Desde otro país al +1.812.671.9757
Fax: 01.812.355.1576
ventas@palibrio.com
456510

Índice

Prólogo

En este libro de español puertorriqueño, encontrará información sobre los rasgos característicos de nuestra pronunciación; una sección de vocabulario, y otra de refranes y frases. Escrito en un lenguaje sencillo, usted podrá adentrarse en la cultura de nuestra tierra e identificarse con las ocurrencias y vivencias de nuestra gente.

En las primeras páginas se familiarizará con todo lo necesario para conocer el dialecto puertorriqueño. Las influencias culturales, los rasgos característicos, los anglicismos, y los regionalismos, ocupan lugares especiales en el primer capítulo de este texto, que estoy seguro les encantará. Luego, una parte dedicada a nuestras palabras; algunas exclusivas de nuestro país y otras compartidas con otros países hermanos. En esta, seguro notará la gran riqueza de nuestra lengua boricua. Por último, hallará una sección de refranes y frases utilizadas por nuestra gente. Estas son parte esencial de nuestra vida de pueblo y son el reflejo de la sabiduría de un gran país.

El presente volumen se presenta así: en Puerto Rico hablamos español. Luego sigue: vocabulario boricua. Por último, pero no menos importante: refranes y frases de nuestra gente.

Mi deseo al escribir este libro es compartir mis experiencias en el estudio de nuestra peculiar forma de hablar, para que por medio de él, usted logre conocer la variante de español boricua. Además contará con una guía que le ayudará a entender esas palabras y frases que a veces escuchamos, pero no entendemos.

Espero que este texto les agrade y que a través de la lectura de sus páginas, aumente más y más su amor por Puerto Rico, la isla del encanto.

Atentamente,
Julio R. Hernández Torres

En Puerto Rico hablamos español

El 19 de noviembre de 1493, Cristóbal Colón llegó Puerto Rico en su segundo viaje de exploración. Cuando Colón arribó a nuestro suelo, la isla estaba habitada por los taínos, quienes poseían su propio dialecto. A partir de 1508, con la llegada de Juan Ponce de León, primer gobernador español de Puerto Rico, comenzó el proceso de mestizaje de nuestra isla. Los españoles trajeron su idioma y adquirieron muchas palabras de los taínos y más tarde de los esclavos africanos. El español se enriqueció con una gran cantidad de vocablos indígenas; sobre todo de fauna y flora, que los europeos desconocían. La mayoría de los colonos que se establecieron en Puerto Rico entre los siglos XVI y XVIII, procedían de Andalucía. Nuestro idioma conserva muchos rasgos andaluces como lo son el yeísmo, el seseo, el abandono de la (d) intervocálica y la debilitación de la (s) final. Durante el siglo XIX, numerosos grupos de inmigrantes llegaron a nuestra isla, añadiendo nuevas palabras a nuestra lengua. Miles de canarios vinieron a nuestra tierra, con la esperanza de una vida mejor, gracias a la Real Cédula de Gracia de 1815. Cientos de venezolanos, colombianos, corsos y de otras nacionalidades, se establecieron en este país y contribuyeron al desarrollo del español que hablamos hoy día. En 1898 acabó la hegemonía de España en Puerto Rico con la llegada de los estadounidenses. Los gobernantes militares, impuestos por Estados Unidos, se encargaron de establecer una política anti español en nuestra isla, tratando de eliminar nuestro idioma; sustituyéndolo por el inglés. Nuestro idioma español es tan fuerte y vigoroso, que logró sobrevivir todos los embates que se le presentaron. El español es el elemento que nos une como pueblo y nos da esa personalidad única en el mundo.

Influencia taína en nuestro idioma

Los taínos eran los pobladores de nuestra isla a la llegada de los españoles. El pueblo taíno poseía su propio dialecto, del cual hoy día conservamos muchas palabras. Cuando los españoles comenzaron el proceso de colonización de nuestra tierra, conocieron nuevos términos relacionados con la geografía, la flora y la fauna de la isla. La mezcla de culturas trajo consigo el mestizaje y la imposición del español como idioma de la colonia. La población indígena fue exterminada rápidamente, pero su legado perdura en los nombres de muchos de nuestros pueblos y en muchas palabras que siguen vivas en el español puertorriqueño.

Algunos nombres de pueblos de origen taíno son:

- Utuado
- Yauco
- Caguas
- Jayuya
- Bayamón
- Guaynabo
- Luquillo
- Arecibo
- Humacao

Algunas palabras de origen taíno son:

- batey
- hamaca
- canoa
- huracán
- tabaco
- yuca
- cacique
- bohío
- caney
- cemí
- dujo
- barbacoa

El idioma español se enriqueció gracias a la aportación de nuestros taínos.

Influencia africana

Los españoles establecieron en Puerto Rico, al igual que en todas sus colonias, el sistema de encomiendas. Los taínos fueron repartidos entre los colonizadores para realizar los trabajos de minería, agricultura y construcción. La población taína fue diezmando debido a las enfermedades, trabajos forzosos y al mestizaje. Los españoles comenzaron a traer esclavos africanos para hacer los trabajos que anteriormente realizaban los taínos. A pesar de la gran cantidad de tribus africanas de las cuales se trajeron esclavos a nuestra isla, es el Congo de África Central la que se considera que ha tenido mayor influencia en el español de Puerto Rico.

Algunas palabras de origen africano son:

- fufú- hechizo
- gandul
- malanga
- mondongo
- bembe
- baquiné
- bongó
- cocolía
- chamaluco
- marimba
- sambumbia

La herencia africana es parte esencial de nuestra cultura. Las aportaciones de los africanos contribuyeron a enriquecer nuestro idioma, música y vida de pueblo.

Rasgos del español hablado en Puerto Rico

Puerto Rico comparte con toda Hispanoamérica y España el idioma español. De España, especialmente de Andalucía, heredamos muchos rasgos de su manera de hablar, algunos compartidos por los demás países de habla hispana. La llegada de inmigrantes a nuestro país, le añadió riqueza a nuestra lengua y a la vez más rasgos, que comenzaron a darle un estilo único a nuestro acento. Durante mis años de estudios y luego de trabajo, he estudiado el hablar de nuestra gente. Desde niño, escuchaba en el campo esa forma de hablar de mi gente, la gran cantidad de refranes y su entonación. En la universidad conocí muchas personas que eran estudiantes extranjeros y tenían sus respectivos acentos. Durante mis años de trabajo en distintos pueblos de la isla, he quedado sorprendido con los regionalismos que utilizamos y con la pronunciación de las mismas palabras en distintos lugares.

Algunos rasgos que heredamos de Andalucía son:

- yeísmo- El yeísmo resulta de la pérdida de la distinción entre los sonidos que corresponden a la (ll) y (y). Ejemplo: caballo- "cabayo".
- seseo- resulta de la pérdida de la distinción de los sonidos que corresponden a la (z), (s), (ce) y (ci). Todas se pronuncian como si fueran (s). Por ejemplo: casa y caza, suenan igual.
- aspiración de la (s) final de sílaba- pérdida del sonido que corresponde a la (s) en el final de las sílabas. Ejemplo: los dos- "loh doh".
- elisión de los consonantes- la eliminación de los sonidos de las consonantes (s) y (d) en el final de las palabras y sílabas. Ejemplos: verdad- verdá, ¿estás bien?- ¿tah bien?
- abandono de la (d) intervocálica- a menudo se abandona la (d) intervocálica en las terminaciones: ado, ido, y edo. Tanto en partes de España como en Puerto Rico usamos "cansao" en vez de cansado.
- uso de "ustedes" como plural de "tu" en vez de "vosotros".

Todos estos rasgos antes mencionados, los compartimos con muchos países hispanos, pero también contamos con nuestros propios rasgos.

- pronunciación de la (R) muy fuerte o (R) velar- es un rasgo dialectal de Puerto Rico en el que la (r) se pronuncia (rr). Ejemplo: río- "rrío".
- pronunciación de (l) en vez de (r)- En Puerto Rico hay una tendencia a confundir la pronunciación de las grafías (l) y (r). Se pronuncian muchas veces ambos con el sonido (l). Si hay una consonante después de la (r) cambia a (l), pero si hay vocal no. Ejemplos: puerta- "puelta", amor- "amol", Arecibo- Arecibo.
- la (r) se cambia por (l) en el centro o al final, nunca al comenzar la palabra. Ejemplo: Puerto Rico- "Puelto Rico".
- pronunciación de la (o) en el final de una palabra como (u)- en varios pueblos del sur y este de la isla noté que muchas personas, aparte de eliminar la (d) en las palabras, sustituían la (o) por la (u). Ejemplo: Estoy cansado- "estoy cansau".
- pronunciación de la (e) como (i)- en varios pueblos de la zona central noté que la (e) la pronunciaban como (i). Ejemplo: Súbete que te mojas- "Súbiti qui ti mojas".
- eliminación de la (d) en la sílaba final y acortamiento de palabras- las oraciones y frases son acortadas. Ejemplos: Vamos para el río que está cerca de la casa de Juan. "Vamoh pa'l río que'htá cerca e casa e Juan". ¿Para qué vas para allá? "¿Pa'qué vah pa'llá?", estoy sudado- "ehtoy sudao".
- entre los más jóvenes el uso exagerado de muletillas- cuando hablas con un adolescente o joven adulto, escuchas una gran cantidad de muletillas para darle énfasis a lo que te quiere decir. Ejemplos: "vihte", "acho", "en veldá, en veldá", "papi".
- uso de la jerga de los artistas de música urbana- en los más jóvenes es muy común escuchar como tratan de hablar como los artistas de moda. Ejemplos: "expotiao", "rankeao", "malianteo", "en la mía".
- apócope de palabras- se acortan las palabras que usamos para designar algo. Ejemplos: papi- "pai", mami- "mai", muchacho- "chacho", bendito- "dito", hermano- "mano".
- cambio de la (s) por (j) en algunas palabras- muchas personas utilizan la (j) especialmente antes de la vocal (o). Ejemplos: nosotros- "nojotroh", pasó- "pajó".
- unión de palabras cuando la primera termina en (s)- muchas veces se habla tan rápido que no se separan las palabras.

Ejemplos: mis hijos- "misijoh", los ojos- "losojoh", las orejas- "lasorejah".

- el uso de palabras raras para designar objetos- cuando no recordamos el nombre de algo o simplemente no lo sabemos. Ejemplos: "el deso", "el coso", "el aparato", "la cuestión", "el simiñoco".
- uso exagerado de la palabra medio o media- en vez de decir si algo está frío o caliente, se dice medio caliente. Otros ejemplos: medio bruto, media boba, medio raro.
- pronunciación de la (h) como (j) al inicio de muchas palabras- muchas palabras que comienzan con (h) se pronuncian como si comenzaran con (j). Ejemplos: hale- "jale", hartarse- "jartarse", hocico- "jocico".
- cambio de la (m) por (n) en la sílaba final de muchas palabras- muchas palabras son pronunciadas con una (n) en vez de (m). Ejemplos: íbamos- "íbanos", veníamos- "veníanos", estábamos- "estábanos".
- el uso de las marcas que dominan el mercado para nombrar artículos- utilizamos la marca dominante en el mercado en vez de la palabra correcta. Ejemplos: insecticida- "Real Kill", crema de afeitar- "Barbasol", pañales- "Pampers", detergente para lavar- "Ace", líquido para fregar- "Vel", toallas sanitarias- "Kotex", toallitas humedecidas- "Chubs".
- Añadir (n) o (s) al final de palabras que no las llevan. Ejemplo: dijiste- "dijistes", viniste- "vinistes" o déjenme- "déjenmen", óiganme- "óiganmen"

Anglicismos

En 1898, los Estados Unidos adquirieron el control político de nuestro país, trayendo con ellos su cultura e idioma. Los puertorriqueños nunca hemos perdido nuestra identidad como pueblo y mucho menos el idioma. Durante las primeras décadas del siglo XX, fue muy fuerte el embate del inglés en nuestro país, queriendo eliminar al español. Nuestro idioma es tan fuerte que ha soportado todo intento por eliminarlo y hoy sigue igual de vivo que cuando ocurrió el cambio de soberanía. A pesar de que tratamos de proteger nuestro idioma, por nuestra relación con los Estados Unidos, muchas palabras del inglés han pasado a nuestro idioma. Los adelantos tecnológicos también contribuyen a que nuevos términos en inglés pasen a formar parte de nuestro diario vivir. En muchos casos, las palabras que usamos en inglés tienen su equivalente en español y deben ser usadas de forma correcta. Hay casos donde la palabra se españoliza y en otros, simplemente se añade a nuestro idioma porque todo el mundo la utiliza. Los anglicismos no son exclusivos de Puerto Rico; nuestros países hermanos también han incorporado muchos y en algunos casos, ellos usan el término en inglés y nosotros lo usamos en español.

Algunos ejemplos de anglicismos usados en Hispanoamérica, pero que no son de uso general en Puerto Rico son:

- lunch (México)- almuerzo
- teibolera (México)- bailarina exótica
- jeans (casi todos los países hispanos)- mahones
- man (Colombia)- hombre
- banana (casi todos los países hispanos)- guineos
- basquetbol (casi todos los países hispanos)- baloncesto
- machear (casi todos los países)- parear

Algunos anglicismos de uso general en Puerto Rico son los siguientes:

- accesar- acceder
- compulsorio- obligatorio
- cuestionar- preguntar
- data- datos o información
- indentar- sangrar

- ripostar- contestar
- similaridad- similitud
- interactuar- interaccionar
- clóset- guardarropa
- club- asociación, agrupación
- dealer- concesionario
- matress- colchón
- tenis- calzado deportivo
- zipper- cremallera
- sándwich- emparedado

La llegada de nuevas palabras enriquece el idioma, pero no se debe abusar del uso de palabras de otros idiomas si en español tienen su equivalente. Debemos verificar cual es la palabra correspondiente en nuestro idioma y utilizarla.

Regionalismos

Puerto Rico es pequeño en extensión, pero aún así cuenta con muchos regionalismos. Los regionalismos son palabras que se usan en un área determinada para nombrar algo y en otro lado del territorio usan otra palabra para designar lo mismo. Hay regionalismos entre los países hispanos, como también los hay entre nuestros pueblos. Cuando tuve la oportunidad de trabajar en la zona oeste de la isla, me topé con algunos regionalismos que no usamos en Ponce; ellos dicen pana y nosotros mapén, por nombrar uno. Entre la zona norte y sur de la isla existen muchos regionalismos que confunden a las personas y cada cual trata de defender el suyo como correcto.

Algunos regionalismos dentro de Puerto Rico entre el norte y el sur son:

- empanadilla- pastelillo
- olla- caldero
- chincha- cilantro (recao)
- vianda- verdura
- ficha- vellón
- palmera- manita
- mapén- panapén (pana)
- gungulén- gongolí
- domplín- yanicleca (arepa)
- piquito- gandinga
- bate- droguita
- hacer bruscas- comer jobos
- barrigas de vieja- tortas de calabaza
- churumba- trompito
- lucia- iguana
- viandero- revendón

El puertorriqueño

- no se baja: se apea
- no se ríe hasta más no poder: le da pavera, se orina de la risa
- no sufre crisis económica: se le pone la piña agria, los huevos a peseta, se pone la cosa pelúa
- no se muere: se lo lleva Pateco, engancha los tenis, estira la pata
- no está durmiendo: está en el quinto sueño, cayó como tronco de joya
- no se casa: se tira la soga al cuello, cuelga los guantes
- no maneja rápido: va como alma que lleva el diablo, va a las millas del chaflán
- no pide un trago: pide un palo o un chorrito
- no dice cosas sin sentido: habla baba
- no vive lejos: vive donde el diablo pegó el grito, en el quinto coño, en las ventas, en las pailas, en el jurutungo o en las sínsoras
- no te saluda: te dice vaya mano, wepa, ¿qué es la que hay?
- no es desordenado: hace escantes
- no tiene amigos: tiene panas, socios
- no te burla: te tripea, te pega el vellón o te saca por el techo
- no insiste: te dice brega mano, tira la tuya
- no se lanza: se tira con todo y tenis, se tira de pecho
- no es valiente: es babilloso, se rankea
- no se besuquea: se grajea
- no se emborracha: se ajuma, se sazona, coge una turca, se jiende
- no se cae: se escocota, se revienta, se da una matá
- no espía: liga
- no se enamora: se enchula, se enfusca, se pone como caballo de monte, se apestilla
- no sacia el hambre: se jarta, se pone como chinche de catre, se pone como sapo de letrina
- no tiene amantes: tiene chillas, cortejas o cositas por el lado
- no tiene novia: tiene jeva, tiene brega
- no sufre de diarreas: se va de carreritas, está escolao
- no se va corriendo: clava la uña, sale pitao, chilla la goma o se va a jullir
- no anda en grupos: hace un corrillo, un bonche, monta un combo
- no molesta: jode, chava
- no hace recolectas: hace serruchos o ángulos

- no se baña y se prepara para salir: se acicala, se brilla como espalda de caculo
- no se molesta: se encojona, se enfogona
- no te golpea: te mete las manos, te da más patás que a una motora inundá
- no te ordena: te dice que si no lo haces te vas a joder
- no se le ocurre una idea: se le prende el bombillo
- no encuentra algo difícil: está del carajo, está del mero, está cañón
- no encuentra algo fácil: es un quitao o un bombito al pitcher
- no se copia en los exámenes: hace droguitas o bates
- no te llama por tu nombre: te dice mijo o mija, nene o nena
- no pide que lo lleven: pide pon
- no dice que un sitio es bueno: te dice que es el mejor del mundo
- no te ignora: te pichea pa' loco
- no sale a pasear: sale a janguear o a chinchorrear
- no baila: guaya hebilla, perrea, se afinca
- no te dice torpe: te dice vamo' animal la fiesta
- no tiene frío intenso: tiene un frío pelú
- no tiene un lío: se le forma un revolú, no sabe ni la hora que es
- no vuela cometa: vuela chiringas
- no dice que alguien es presumido: es echón, comemierda
- cuando te ve enfermo te dice: estás más jalao que un timbre de guagua, te quedan dos recortes
- no se queda sin dinero: se queda más pelao que las rodillas de un cabro o más pelao que un chucho
- no tiene calor intensa: suda la gota gorda, se sancocha
- no te pide un cigarrillo: te pide un garet
- no es cualquier cosa: es boricua de pura cepa

Vocabulario boricua

A

abacorao- aturdido

abanicar- en el juego de pelota, hacer el intento de batear la bola, pero no lograr batearla

abanico- ventilador eléctrico

abochornao- avergonzado

abofao- levantarse con la cara hinchada

abombao- 1. algo dañado 2. apestoso

abombarse- 1. descomponerse 2. dañarse alguna carne

acabe- fiesta que conmemora el final de la cosecha de café

acanelao- color que va adquiriendo la persona con la exposición al sol

acángana- onomatopeya del ruido de una caída fuerte

accesar- acceder

aceitillo- árbol nativo de nuestro país

achacoso- persona a la que le duele todo o se queja por todo

achaques- dolencias

achicharrao- quemado

achocarse- golpearse con algo en la cabeza

acicalao- bien vestido y arreglado

acojonar- impresionar, sorprender

activao- 1. atento 2. listo para lo que sea

acurrucarse- 1. abrazarse 2. arroparse

adobao- sudado

afilorar- adornar algo

afincao- bailando pegado

afrentao- 1. glotón 2. persona que no comparte

afuego- (a fuego)- algo muy bueno

agallarse- 1. molestarse 2. enfadarse con alguien

agallú- persona de carácter fuerte

aguajero- persona que dice que va a hacer algo y no lo hace

aguinaldo- 1. música típica, de temas campesinos o religiosos 2. dinero que se le otorga a los empleados de saneamiento al acercarse la navidad

aguzao- astuto

ajilao- 1. pálido 2. persona que se ve enferma

ajorao- con prisa

ajorar- apurar

ajoro- prisa

ajumao- borracho, ebrio

alcagüete (alcahuete)- 1. cómplice 2. adulador

alcapurria- fritura de yuca o plátano

aleluya- pentecostal o de otra denominación cristiana

alero- parte que sobresale de un techo

algarete- hacer algo sin pensar

alicate- alguien que es usado para hacer gestiones de otro

amapuchar- solapar

amarillo- fritura de plátano maduro

amarrar- atar

amocolao- 1. triste 2. enfermo

amotetao- 1. triste 2. deprimido 3. enfermo

anamú- planta medicinal que se usa para combatir los piojos

ángulo- recolecta

anón- fruta tropical de pulpa blanca y sabor exquisito

antier- antes de ayer

añoñao- sobreprotegido

apagado- cantante o artista que ya no está en su momento de fama

apear- bajarse de algún vehículo o lugar

apestillarse- enamorarse

aplatanao- asimilado a las costumbre del país

aplicación- solicitud

aplicar- solicitar

apolismada- 1. que no crece 2. cobarde

aprontao- persona que está metida en todos lados

apuntárselo- quedarse sin bañar, por olvido, o porque se fue el agua

arañitas- plátano frito

arao- bruto

ardilla- mangosta

areito- ceremonia taína de carácter religioso

armastrote- algo bien grande

arrancao- sin dinero

arranchao- enfermo

arrebatao- drogado

arregindao- agarrado

arrematao- loco, demente

arresmillao- 1. haciendo muecas 2. llorando

arrollao- 1. sin dinero 2. se quedó esperando a alguien

asalto- 1. parranda navideña 2. atraco

asignación- 1. tarea 2. dinero para una obra

asilar- hospitalizar

asina- apócope de así nada más

asopao o sopón- sopas de arroz o fideos

aspectada- favorable

atachar- añadir

ataponao- lleno

atender- asistir

atiborrar- llenar en exceso

atómico- alcohólico

atornillarse- asegurarse un puesto

atragantao- casi ahogado

atrechar- tomar un atajo

atrecho- atajo

aturrunao- 1. triste 2. melancólico 3. cielo nublado

ausubo- árbol de Puerto Rico

avanzar- darse prisa

averiguao- persona que se mete en lo que no le incumbe

avispao- persona lista

B

babilla- tener valor para hacer algo

baboserías- habladurías sin sentido

bacalaíto- fritura típica a base de bacalao

bachatear- divertirse

bache- charco de aguas estancadas

badtripeao- 1. triste 2. melancólico

balcino- grisáceo

balompié- fútbol

bambalán- vago

baqueo- respaldo

baquiné- velorio de carácter religioso y festivo, de un niño de corta edad, especialmente entre los negros

barbacoa- asador

barra- taberna, bar

barraca- antiguo refugio para protegerse durante los huracanes

barraco- gordo

barrunto- día nublado

basofia- algo sin sentido

bataca- batería

batata- 1. empleado que no trabaja bien, o nombrado por politiquería
2. vianda o verdura de sabor un poco dulce

bate- (en Ponce)- papelito para copiarse en un examen

batea- vasija grande

batería- pila

batey- patio

baúl- cajuela de un automóvil

bayoya- relajo

bayú- fiesta

bebelata- 1. fiesta 2. salir a beber

bejuco- liana

bemba- labios

bembé- fiesta

bembeteo- habladuría

bembón- de labios grandes

berenjenal- 1. trifulca 2. problemas

berrendo- despintado

bibí- tetero, botella de leche

bicha- altanera, presumida

bichote- el que dirige un punto de drogas

bienmesabe- postre típico

bilí- bebida típica de Vieques

bimbazo- golpe propinado con el puño

bioco- 1. mareo 2. desmayo

birras- cervezas

bisorioco- maltrecho

bizcocho- pastel, torta

blin blin- prendas o joyas lujosas

blin blineo- usar muchas prendas

blindao- 1. preparado 2. equipado

bobolón- tonto o bobo

bocabajo- 1. adulador 2. cuerpo volteado con la cara hacia abajo

bocina- altavoz, claxon

bochinche- chisme

bochinchero- chismoso

bocón- 1. persona que habla de forma amenazante 2. comenta lo que no tiene que decir

bodrogos- zapatos grandes

bofetá- cachetada

bohío- casas de los taínos

boicot- medio de protesta

boicotear- tratar de impedir el desarrollo normal de un evento

bojote- gordo

bola- pelota

bolita- juego clandestino de lotería

bolitero- persona que se encarga de llevar las listas de la bolita

bolsa- funda

bom- alcohólico

bomba- 1. baile típico 2. globo

bombillo- 1. alcohólico 2. cerebro

bombón- dulce

bonche- grupo de personas

bonete- tapa frontal de algunos vehículos

bongó- instrumento musical

boquete- roto, agujero

boquisucio- 1. mal hablado 2. grosero

bordonúa- instrumento musical típico

boricua- los nacidos en Puerto Rico o descendientes de puertorriqueños

Borikén, Boriquén, Borinquen- nombre taíno dado a Puerto Rico

borras- residuo de la harina de café ya colado

botánica- lugar donde se consiguen productos naturales y remedios espirituales

brega- persona que se está conociendo para establecer una relación amorosa

brete- romance

brincacharco- pantalones que quedan más cortos del tobillo

broqui- amigo

brujo- 1. persona que trabaja alguna ciencia oculta o espiritual 2. trabajo de santería, espiritismo u otro para conseguir algo

bruscas- (en Ponce)- ausentarse a la escuela

brutal- asombroso

bucha- lesbiana de aspecto masculino

buche- 1. trago 2. gárgara 3. dosis de metadona

buchipluma- 1. alguien que habla mucho, pero hace poco 2. cobarde

buduska- gorda

bueno(a)- persona atractiva

bugarrón- el que hace del macho en una pareja de homosexuales

buloba- atrevido, osado

bulto- mochila

burén- plato llano

burlish- quedar burlado

burro- persona que no es considerada inteligente

burronazo- golpe fuerte propinado con el puño

burundanga- se usa para designar algo que no se sabe su nombre

buruquena- cangrejo de río

buscón- tramposo

buya- 1. discordia 2. grito de apoyo

buyero- problemático, que le gusta crear discordia

C

cabecear- el acto de sexo oral

cabeciduro- terco, obstinado

cabuya- 1. cuerda para bailar trompos 2. hilo que puede ser usado para pescar

cachar- atrapar la pelota

cacharro- recipiente

cachaza- pellejo de los pies descalzos

cachete- fiesta en la que no tienes que aportar nada

cachetero- persona que le gusta depender de otros

cachipa- residuos del coco rallado

cachivaches- artefactos acumulados

cacique- jefe taíno

caco- seguidor del reggaetón

cafre- persona vulgar

cagao- 1. idéntico 2. asustado

caimito- fruta de consistencia un poco acuosa

cajetazo- golpe recibido por una caída

caliente- metido en problemas

camándula- planta que tiene unas semillas blancas, que se usan para hacer collares y artesanías

camella- bicicleta grande

camón- promiscua

camuflagear- camuflar

canagüey- raza de gallos

canchanchanas- mujeres bonitas

candela- 1. problema 2. chisme

candungo- recipiente para almacenar alimentos

caneca- botella de ron o cualquier otro licor

caney- casa del cacique taíno

cangri- jefe

cangriman- 1. persona poderosa 2. antiguamente, burla a congresista

canina- hambre exagerada

canoa- 1. embarcación taína 2. plátano maduro relleno de carne

cantaleta- repetir el mismo tema

cantaletear- sermonear a alguien

cantazo- golpe

canto- pedazo

cañón- 1. esto está cañón- algo muy malo 2. algo estupendo

cañona- 1. engañar a alguien 2. estar la situación económica difícil

caoba- árbol de madera muy preciada

capao- esterilizado o castrado

capear- ir a comprar drogas ilegales

capotear- el acto de sexo oral

carapacho- residuo de algo

cariduro- 1. persona que no tiene modales 2. cognomento de los fajardeños

caripelao- persona que no tiene vergüenza ni modales

carraspera- molestia en la garganta

carreritas- diarreas

cartera- bolso

casabe- especie de pan preparado a base de yuca

cáscara- gente que no sirve para nada

caserío- residencial público

casqueta- masturbación masculina

casquetero- hombre que le gusta masturbarse

casual- ropa informal

catimba- golpiza

caucus- 1. grupo 2. reunión

ceiba- árbol nativo

cernícalo- torpe, bruto

cesantear- despedir empleados

cesantía- despido

chacho- apócope de muchacho

chaflán- esquina de la calle de corte diagonal

chalina- corbata

chamaluco- variedad de guineo

chambón- 1. acelerador de un auto 2. pie bastante grande

chambonear- 1. acelerar 2. disparar un arma

chance- oportunidad

chanchullero- tramposo

chanchullo- trampa, engaño

chancla- sandalia

chancletas- sandalias

chancletazo- golpe propinado con una sandalia

chancletero- hombre que solo tiene hijas

chanforneta- vagina

chango- 1. altanero, presumido 2. pájaro de color negro

changuería- 1. formar un berrinche 2. presumir

chapucería- trabajo mal hecho

chapucero- persona que no hace bien los trabajos encomendados

charrascaso- mordisco

charro- alguien que no sirve para nada

chavar- molestar, mortificar

chavería- poca cantidad

chaveta- 1. cabeza 2. paciencia

chavienda- problema, contrariedad

chavo- centavo de dólar

chavón- molestoso, incordio

chavos- dinero

chayote o tallón- fruto de color blanco o verde parecido a la berenjena *cheche*- 1. que tiene poder 2. líder

chepa- suerte

chequeamos- adiós

chévere- bueno

chichaíto- mezcla de ron con anís

chicharrones- cuero de cerdo frito

chichón- hematoma o protuberancia

chichos- rollitos en la barriga o en los costados

chicle- goma de mascar

chifle- 1. cuerno 2. infidelidad

chiflú- persona a la que le han sido infiel

chilin- tranquilo

chilla- amante

chillería- infidelidad

chimba- hoguera

chin- poca cantidad

china- la fruta mundialmente conocida como naranja

chinchín- muy poca cantidad

chinchorrear- 1. ir de negocio en negocio 2. ir de paseo

chinchorro- establecimiento de bebidas alcohólicas y/o frituras *chingar*- tener relaciones sexuales

chingo- perro sato

chinita- anaranjado

chino- roce de una persona contra las partes de otra

chipi- barato

chiringa- cometa

chiripa- trabajo esporádico

chiripero- persona que trabaja en lo que aparece porque no posee un trabajo fijo

chirola- presidio, cárcel

chironja- fruto que resulta del cruce de china y toronja

chismear- imitar al alguien en tono burlón

chispear- lloviznar

chiva- ganar invicto

chivero- persona que no hace bien los trabajos

chivo- 1. conexión ilegal de algún servicio 2. trabajo mal hecho o defecto en algún trabajo

chocho- senil

chola- cabeza

chongo- caballo malo

chonquear- vomitar

chopa- pez abundante en ríos y lagos

choretos- muchos

chorrera- tobogán

chota- delator, persona que dice todo lo que oye o ve

chotear- delatar

chucha- (en el juego de dominó)- la pieza que por ambos extremos está en blanco

chuchin- muy bueno

chulin- bonito

chulisnaquis- bonito, lindo

chulo- hombre que tiene muchas mujeres

chumba- con nalgas pequeñas

chupa- residuo que queda de la china al chuparle el jugo

chupacabras- según los relatos de la gente, una criatura que atacaba animales de corral

churras- diarreas

churretá- excremento de algún ave

churumba- trompo pequeño

ciguato- fruto sin sabor

clase- materia, asignatura

clerical- relativo a la oficina

clipeadora- grapadora

clipear- grapar

cloaca- alcantarilla

cloche- embrague

clóset- guardarropa

club- asociación, agrupación

coa- instrumento para trabajar el terreno

cochofle- mujer fácil

coco- 1. obsesión con alguien 2. fruto de la palma de cocos

cocolía- cangrejo pequeño de río

cocolo- amante de la música salsa

cocorote- jefe, líder

cocotazo- golpe propinado en la cabeza

cocote- cabeza

cocuyo- luciérnaga

cohitre- planta que crece en las orillas de los ríos

cojones- 1. testículos 2. valor

colgarse- reprobar un grado

colibrí- zumbador

comadrona- partera

comandar- dirigir

comando- orden

comay- apócope de comadre

combo- 1. grupo de amigos 2. ofertas

comecogollos- según testimonios de varias personas, era una criatura que atacaba aves y otros animales

comején- termitas

comelata- reunión para compartir comida y divertirse un rato

comelibros- estudioso

comemierda- pretencioso

compay- apócope de compadre

compulsorio- obligatorio

concho- 1. expresión cuando te das un golpe 2. sapo

conchuflar- 1. conectar 2. arreglar algo

conflei- cereal

confligir- cuando algo no se puede hacer porque ya hay algo pendiente, interponer

conga- instrumento musical

consistente- consecuente

cónsul- amigo

contein- cuartillo

contrayao- problemático

conuco- huerto

convicción- condena

convicto- reo, preso

coqueta- 1. persona que presume de sus atributos o figura 2. gavetero
   con espejo

coquí- ranita que emite un sonido del cual se toma su nombre

coquito- bebida típica, hecha de crema o leche de coco y ron

corazón- fruta de cubierta marrón e interior blanco

cordel- tendedero

corillo- grupo de amigos

corneta- tonto

corte- sembradío de café

corteja- amante

coy- especie de hamaca

craqueao- loco

crical- lío

cripi- marihuana adulterada

cuadrar- planificar algo

cuajitos- comida típica a base de orejas de cerdo

cuajo- oreja

cuatro- instrumento musical típico

cubujón- sitio pequeño

cucas- galletas típicas

cucharita- con ganas de llorar

cuchichear- hablar en tono bajo

cuchifrito- frituras

cuchitrín- negocio o comercio pequeño

cuco- personaje que se usa para asustar a los niños

cucubano- luciérnaga

cucurucho- tope del árbol

cuera- promiscua

cuestionar- preguntar

cuico- persona con deformación en los labios

culcul- tomar algo rápido sin tomar aire

culear- bailar contoneando los glúteos

culearse- evadir algo

culeco- contento

culero- pañal

culiabierto- demasiado bondadoso o brindado

culicagao- 1. ignorante 2. adolescente que se cree adulto

culillo- contentura

culipandear- contonear las caderas

culiseco- 1. con poco trasero 2. flaco

cundiamor- planta silvestre, de fruto pequeño amarillo y semillas rojas.

cundío- lleno de algo

cuneta- canal de desagüe en las orillas de las calles

curarse- 1. disfrutar algo 2. fermentación del pitorro 3. drogarse al adicto

curita- vendaje o tirita

D

dajao- pez de río

dale- está bien

data- información, datos

díler (dealer)- concesionario

deambulante- persona sin hogar, mendigo

desandando- agonizando, próximo a morir

descojón- desorden

deso- se dice cuando no se sabe lo que se está nombrando o por vagancia *despelote-* desorden, descontrol

despistao- olvidadizo

diache o diantre- expresión de asombro

dietario- incluído en la dieta

dita- envase que se hace con la mitad de la higüera

dolama- 1. dolor 2. alguna enfermedad

dolorosa- planilla de contribución sobre ingresos

domplín- arepa

dona- rosquilla

donquear- jugada de baloncesto

dramáticamente- rápidamente

driblear- jugada de baloncesto

droguita- papelito para copiarse en un examen

dron- balde, barril

dubi- recogido del cabello que se hacen las mujeres

E

echaúra- presumida, prepotente

echón- presumido

editar- corregir

égida- hogar de ancianos, anteriormente retirados de alguna profesión

embadurnarse- untarse algo

embalao- salir corriendo

embarcao- que se fue de viaje

embarcarse- irse de viaje

embarrao- 1. sucio 2. envuelto en líos

embelecos- accesorios

embelequero- 1. que le gusta hacer porquerías 2. añadir muchos accesorios

embelezao- con mirada fija

embollao- drogado

embolsicar- guardar, acumular

emborujao- bien arropado o abrigado

emborujarse- envolverse

embrollao- endeudado

embuchao- con la boca llena

emergencia- freno de mano

empachao- persona con indigestión

empacho- indigestión

empanadilla- fritura rellena de carne o queso

empancinao- indigestado

empancinarse- comer en exceso y esto le causa indigestión

empavonarse- untarse algo

emperifoyá- bien vestida y maquillada

empleomanía- grupo de empleados de determinado lugar

emputao- furioso

enagua- prenda de vestir femenina

encabronao- furioso, molesto

encalambrarse- entumirse

encaramarse- subirse

encendío- animado

encerao- toldo

encharcao- mojado

enchismao- molesto o enojado con alguien

enchularse- enamorarse

enchumbao- muy mojado

encocorao- furioso

encojonao- furioso

encojonarse- enfadarse

endosar- apoyar

endulzante- edulcorante

enfiebrao- fanático de algo, lo sigue con pasión

enfogonao- molesto

enfunchao- mirando mal a alguien

enfunfurunao- enfadado.

enfuscao- enamorado

engrifá- sin peinar

enguabinao- 1. cansado 2. enfermo 3. débil

enjilgao- bien vestido

enjorquetao- niño que es cargado trepándolo en las caderas de la madre

enjuagar- lavar algo

enjuañangao- que tiene dolor o cansancio, enfermo

enliarlas- morir

ensopao- muy mojado

ensorrao- 1. aburrido 2. encerrado

entorunarse- estar molesto

entregao- flaco

entripao- muy mojado

envejeciente- viejo

enyuntaos- juntos

eñangotao- sentado en cuclillas

eñemao- sin fuerzas, débil

esabrío- falto de sal

esbaratao- 1. cansado 2. roto

esbembá- media que ya se le dañó el elástico

esbocao- a velocidad alta

escalerá- con dolor fuerte en la cintura

escambrear- correr vehículos todo terreno por los montes

escante- daño, (hacer escantes)- hacer lo que le da la gana

escarpiza- golpiza

esclochar- dañarse el embrague de un carro

escocotarse- sufrir una caída estrepitosa

escolao- tiene diarreas

escoñetar- dañar

escorbejo- promiscua que ya nadie quiere

escorrotó- 1. tuvo muchos hijos 2. cayó el aguacero

esculcar- rebuscar

esgalillao- cantando en tono alto, gritando

eslembao- con mirada perdida

esmandao- 1. que va muy rápido 2. fresco

esmayao- con hambre

esmelenao- llorando con sentimiento

esmochar- recortar algo

esmonguillao- 1. débil 2. cansado 3. con catarro

esmoruzao- despeinado

espabilao- listo

espachurrar- aplastar

espampanillá- abierta de par en par

espares- bujías

espatarrao- sentado con las piernas abiertas

espejuelos- anteojos, lentes

espetar- 1. insertar algo 2. darle una cachetada a alguien

espistao- va a las millas

esprín- resorte

estadista- persona que cree en la estadidad federada para Puerto Rico

estándar- vehículo de transmisión manual

estofón- estudioso

estoqueao- 1. persona que se le daña el vehículo y se queda a pie 2. quedar varado en algún lugar *estortillao-* loco, demente

estrés- tensión

estriquillao- enfermo

eventualmente- finalmente

evidencia- prueba

F

faberglás- fibra de vidrio

facilidades- instalaciones

factoría- fábrica

fajao- trabajando fuertemente

fajón- 1. persona trabajadora 2. sacrificado, perseverante

fantasmear- andar con rodeos

fantasmeo- algo que no está claro

farallón- risco, precipicio

farifo- palabra despectiva para llamar a un homosexual

fastrén- persona de apariencia poco agradable, de dudosa reputación

fatalidad- 1. desgracia 2. deceso

fatulo- algo que no es legal o verdadero

feca- mentira

fequero- mentiroso

fertilización- fecundación

fiao- compras a crédito

ficha- 1. (en Ponce)- moneda de 5 centavos 2. (en el resto de la isla)- moneda de 10 centavos

fiebrú- fanático de algo

filoteao- bien vestido

fishuriando- no hace nada en el trabajo, modelando

flamboyán- árbol nativo de flores anaranjadas o amarillas

flamenco- persona muy delgada

flashando- parpadeando

fleje- chica fácil

flete- pago a un transporte colectivo para que lo lleven a algún lugar en específico

flu- traje o gabán

fo- expresión de mal olor o de rechazo

fofo- débil

fogón- horno improvisado

follón- pedo

forma- formulario

fotuto- caracol marino que suena al soplarlo

fracatán- muchos

fregao- fresco, descarado

fregar- lavar los platos

fría- cerveza

friquearse- quedarse sorprendido, atónito

frisa- cobija

frita- torta de harina de trigo

frito- loco, con la mente dañada

fronte- actitud de prepotencia

frontear- creerse superior a los demás

fuetazo- golpe fuerte

fufú- hechizo o conjuro

fulca- malo

fuletear- llenar algo

funche- comida preparada a base de harina de maíz

G

gabán- saco, pieza de vestir

gabela- libertad

galillo- garganta

galleta- cachetada

gallina- miedoso, cobarde

gamberra- persona que está íntimamente con los demás sin compromiso

gancho- 1. (en boxeo)- golpe 2. (en negocios)- especial para atraer clientes 3. (en el hogar)- se usa para colgar ropa

gandinga- (en el Área Metropolitana)-guiso hecho a base de hígado y/o corazones

gandul- grano

ganga- 1. pandilla 2. venta con descuentos

gansería- aprovecharse de alguna situación

ganso- persona que se pasa de lista

garabato- vara con una punta en forma de v invertida, para agarrar ramas y bajarlas

garata- discusión

gargajo- flema

garrafón- envase bastante grande

gasero- vendedor de gas

gasolinera- establecimiento de venta de gasolina

gata- chica

gaveta- cajón

gavetero- mueble con cajones para guardar ropa

gaznatá- cachetada

gazpacho- ensalada preparada a base de aguacate

geneticista- genetista

gistro- tanga

gofio- 1. dulce típico 2. comer gofio- faltar a la escuela

goma- neumático, llanta

gongolí, gungulén- animalito parecido a un gusano

grafitero- persona que le gusta pintar al aire libre con aerosol

grajearse- besarse apasionadamente

grajo- mal olor que sale de las axilas

grifo- cabello de difícil manejo

grinche- instrumento para limpiar patios o calles

guabá- animalito parecido a una araña

guábara o chágara- animalito de los ríos parecido a una langosta, pero pequeño

guabucho- hematoma

guácala- se usa para indicar que algo no nos gusta o tiene mal sabor

guácara- 1. antiguo 2. golpe que se le da a un trompo con otro

guachafita- relajo

guagua- autobús o camioneta

guaitiao- palabra taína para designar amigo

guajana- flor de la caña de azúcar

guajino- el más pequeño de las crías de un animal

guamá- árbol frutal

guame- algo fácil

guanábana- fruta de color verde con pulpa blanca

guanime o guanimo- sorullo de maíz y/o trigo envuelto en hojas de guineo.

guanín- disco o medallón de oro que poseía el cacique taíno

guaraguao- ave parecida al halcón

guarapo- jugo de la caña de azúcar

guardalodo- lados frontales del automóvil

guardarraya- límite de un terreno, colindancia

guares- gemelos

guareta- 1. doble 2. gemela

guarito- dos paletas de helados unidas en una

guasa- mentira

guatapanazo- golpe fuerte

guateque- festejo de bomba

guayaba- fruta de color verde o amarillo con pulpa rosa o blanca *guayabero*- romántico

guayacán- árbol de madera bastante buena

guayar- bailar bien pegado

guayo- instrumento que se usa para rayar cocos y otros alimentos

guayuco- ropa

gufeao- 1. algo bueno 2. entretenido

gufear- relajar, vacilar

guiar- manejar, conducir

guillao- altanero, jactancioso

guille- prepotencia

guinda- cuesta empinada

guindalejos- ornamentos y prendas

guineo- banano

guiso- 1. oportunidad 2. algo fácil

güelo(a)- abuelo(a)

güirita- jugada de baloncesto

güiro- instrumento musical típico

gusarapo- renacuajo

H

habichuela- legumbre mundialmente conocida como frijol

hamaca- red alargada y gruesa colocada entre dos estacas, que sirve de cama o columpio

hervedera- acidez estomacal, reflujo gastrointestinal

hilachas- ropa en malas condiciones

hola- saludos

horita- más tarde, luego

hospitalillo- lugar abandonado donde los adictos se inyectan la droga

húcar- árbol de nuestra tierra

huracán- ciclón

huy- expresión de horror o asco

I

iguaca- cotorra, loro

iguana- lagarto

impase- desacuerdo

impráctico- poco práctico

impuesto- acostumbrado a algo

incumbencia- período de gobierno de una persona

incumbente- persona electa a algún cargo político

indentar- sangrar un párrafo

injiyío- flaco, desnutrido

inrirí- pájaro carpintero

insecto- persona en la que no se puede confiar por ser traidor

instrumental- esencial

interactuar- interaccionar

inyectar- decir cosas para crear discordia

irrespectivamente- sin importar

Isla- todo lo que no es San Juan o el Área Metropolitana

J

jaca- yegua de carga

jacho- botella que contiene gas licuado y una mecha arriba que se enciende para alumbrar

jagua- fruto de color marrón y que es usado para hacer un jugo medicinal

jagüey- árbol nativo

jaiba- listo

jaibería- bobería

jalao- 1. enfermo 2. flaco

jalda- cuesta empinada

jaleo- dolor de estómago

jamaquear- mover, sacudir

jamona- mujer que nunca se ha casado

jampearse- comer algo

jámper- cesto para la ropa

janguear- salir de fiesta

jaquetón- problemático

jara- policía

jaraguazo- trago

jarana- fiesta

jartarse- saciarse, comer bastante

jataca- especie de cucharón hecho de higüera

jendío- ebrio, borracho

jeringar- molestar

jeringoza- algo que nadie entiende

jeva- novia o amiga con privilegios

jevitos- pareja de novios

jibaritos- frituras hechas de trigo rellenas con guineos maduros

jíbaro- campesino boricua

jicotea- tortuga terrestre

jincho- pálido

jinquetazo- golpe fuerte propinado a otra persona

jira- excursión, pasadía

jobo o jobillo- fruto de color amarillo de sabor un poco agrio

joceador- persona que se aprovecha de los demás

jocicar- meterse de lleno en algo

jodienda- problema, contrariedad

jodío- 1. enfermo 2. sin dinero 3. en problemas

jojoto- fruto nuevo, que no está en tiempo o fruto picado por los insectos o pájaros.

jolgorio- fiesta

jonrón- en el juego de beisbol, cuando un jugador cubre las cuatro bases en su turno, marcando un punto para su equipo

jonronero- jugador que logra muchos jonrones.

jorobar- molestar

jorobarse- 1. fajarse 2. fastidiarse

joya- quebrada

juego- partido

juerga- irse de fiesta

juey- cangrejo

julepe- desorden

jumeta- borrachera

juntillas- amistades

juquearse- enviciarse con algo

jurutungo- lugar lejano

jutía- animalito ya extinto

juyilanga- se fue a no se sabe donde

L

labia- hablar con poder de convencimiento

lambeojo- adulador en busca de aprobación o de favores

lambío- glotón

lambón- 1. persona que siempre está metido en todo 2. adulador

lapa- 1. persona que siempre está acompañando a otros buscando su beneficio personal 2. persona que no deja a su pareja ni respirar

lapachero- agua derramada

latón- envase que se utilizaba para buscar agua en los pozos

leche- suerte

lechón- cerdo

lechonear- salir a comer carne de cerdo

lechonera- lugar dedicado a la venta de cerdo asado y comidas típicas

lechosa- papaya

lelolai- estribillo usado en las canciones campesinas

lengüilargo- persona que habla de más y comenta lo que no tiene que decir

ligar- 1. mirar en forma lujuriosa 2. espiar

límber- helado casero hecho de sirope de frutas

limón- vehículo o artículo de mala calidad

lobanillo- protuberancia en los pies

loca- palabra despectiva para hombre afeminado

logo- logotipo

lonchera- mochila pequeña para guardar meriendas o almuerzos

longa- camino largo

lote- espacio de estacionamiento, propiedades o cúmulo de cosas

loza- San Juan y el Área Metropolitana

lucia- lagarto

M

mabí- bebida fermentada del árbol del mismo nombre, típica de Juana Díaz

macacoa- mala suerte

macana- arma, rotén

macaracachimba- se dice de una persona que tiene poder

maceta- 1. tacaño 2. palo para moler

macetazo- golpe fuerte

machina- máquina de diversión en un parque

machinear- en el transporte colectivo, dar vueltas para conseguir pasajeros

mafafo- variedad de guineo

maga- flor autóctona de Puerto Rico

magnificación- aumento

mahón- jean, pantalón de tela fuerte de algodón

mai- madre, mami

majadero- molestoso

majarete- postre típico

maje- insecto pequeño que pica mucho

malagueta- planta de la cual se produce el alcoholado

malanga- tubérculo comestible

mamalón- tonto

mamey- 1. fruto 2. algo fácil

mameyazo- golpe fuerte

mamisonga- mujer muy guapa

mamito- hombre que tiene muchas mujeres

mamotreto- libro bastante grueso

mandatorio- obligatorio

mandulete- vago, adulto sin oficio pero que tampoco lo busca

manga- manguera

manganzón- bobo o persona que ya es adulto pero no se comporta como tal

mangao- sorprendido haciendo algo

mangue- regaño

maní- cacahuate

manilo- que no pelea, cobarde

manisuelto- persona que le gusta golpear a los demás, abusador

manosear- tocar algo repetidamente

manteca- heroína

mapear- trapear

mapén, panapén- fruto de color verde y por dentro es blancuzco de sabor algo dulzón cuando está maduro

mapo- trapeador

maquinear- pensar

maracas- instrumento musical

marimacha- mujer que actúa como hombre

marimba- 1. cabeza 2. instrumento musical africano

marota- comida preparada a base de harina de maíz y caldo de pescado

marquesina- cochera, garaje

marrayo- dulce típico

masa- algo que está bueno

matá- caída

mata- planta

matasanos- médico

matiné- 1. tanda de película 2. evento durante la tarde

matre- colchón

mayokétchup- salsa hecha de mayonesa mezclada con kétchup y ajo

mazamorra- postre típico

mear- orinar

mediastos- a mitad

medio peso- 50 centavos de dólar

mellao- que perdió un diente

melón- persona de ideal independentista pero en las elecciones vota popular

membresía- pertenece a una asociación o grupo

memo- memorando, amonestación escrita

mejunge- mezcla o remedio casero

mentar- mencionar

menudo- monedas

mercadeable- vendible

mestura- acompañante para el arroz, generalmente carne.

mijo(a)- se le dice a cualquier persona

mime- pequeño insecto también llamado plaguita

miqueando- perdiendo el tiempo

miquear- 1. perder el tiempo 2. hacer algo fácil

misis- maestra o señora

mister- maestro o señor

mitin- acto multitudinario

mixear- mezclar música

mixeo- mezcla musical

mixta- almuerzo criollo

mocha- machete que usaban los esclavos

mofolongo- tonto

mofongo- comida típica hecha de plátano

mogolla- mezcla confusa de ideas

mondao- 1. sin dinero 2. sufrió rasguños o cortaduras

mondar- pelar

mondongo- intestinos de cerdo o res

monga- catarro fuerte

mongo- débil

monitorear- 1. supervisar 2. seguir algo

montarla- burlar a alguien

morcilla- embutido de cerdo

mordío- en baloncesto, persona que no pasa la bola

moriviví- planta silvestre que sirve como remedio medicinal

morra- despertarse con mal humor

motetes- pertenencias, ropa u otros artículos

moto- cigarrillo de marihuana

moyeros- músculos

muñequitos- caricaturas

N

nasa- red de pescar

naso- bolso de tela colocado en una vara para tumbar frutos

nébula- algo que no está claro

nene(a)- se usa para llamar a alguien

nevera- refrigerador

níspero- fruta tropical de color marrón y pulpa blanca

Niuyores- cualquier parte de los Estados Unidos

niuyorrican- descendiente de puertorriqueños nacido en Estados Unidos

nolas- nalgas, glúteos

noquear- golpear a alguien hasta derribarlo

norsa- enfermera

nota- 1. efecto que causa la droga en una persona 2. calificación 3. lista de compras

Ñ

ñame- tubérculo comestible

ñangara- porquería

ñango- persona que tiene partes del cuerpo torcidas y débiles

ñangre- algo que no vale

ñapita- la que va después de la última

ñaquiti-ñaquiti- hablar mucho sin decir nada importante

Ñémerson- nombre que se usa para designar cualquier norteamericano que no se le sabe el nombre

ñengue- contradecir de forma burlona

ñeñeñe- bobería

ñoco- que le falta un dedo

O

octavitas- los ocho días de fiestas después del Día de Reyes

operación- funcionamiento

ordenar- pedir

otorgación- otorgamiento

P

paca- muchos billetes juntos

pachanga- fiesta, baile

pachanguero- persona que le gusta el baile

pachó- vergüenza

pachoso- tímido

pai- papá, papi

paila- balde

pal- designa muchos

palangana- envase bastante grande

palas- ventajas para conseguir algo por conocer determinadas personas

paleta- 1. exceso de uso de algo 2. dulce

paletear- utilizar algo en exceso

paletero- persona aprovechada, que usa mucho las cosas

palo- 1. trago 2. árbol

pana- amigo cercano

paniqueao- asustado, no sabe de que manera responder a determinada situación

paniquear- asustar a alguien

pantallas- aretes, pendientes

papear- comer algo

papisongo- hombre guapo

paquete- mentira

paquetero- mentiroso

paquín- librito de tirillas cómicas

parcha- maracuyá

parcho- pedazo de tela, papel o plástico, que se pega para tapar una rotura

parejero- orgulloso, altivo

pargo- tonto que las mujeres se aprovechan de él

pariseo- de fiesta

parking- estacionamiento

parquear- estacionar

parquímetro- estacionómetro, máquina en la que pagas por un tiempo para estacionarte *parranda-* grupo de personas que van por las calles hasta los hogares a cantar canciones navideñas y aguinaldos.

parranderos- personas que asisten a las parrandas o las llevan por los hogares

parva- merienda

pary (del inglés, party)- fiesta

pasmar- avergonzar

pasme- vergüenza

pastel- comida típica, puede ser hecho de yuca o combinación de viandas

pasto- marihuana

patabajo- callejero

pataleta- demostración de rabia

patatú- infarto

pato- despectivamente homosexual

pava- sombrero que usaban los jíbaros

pavera- ataque de risas

pavochón- pavo relleno o condimentado al estilo del cerdo asado

pavona- amapola

pazguato- bobo, débil de carácter

pegao- el arroz quemado que queda en el fondo de la olla o caldero *pegar*- 1. comenzar a hacer algo 2. golpear 3. ser infiel

pegarse- ganarse la lotería

pela- paliza

pelagato- bueno para nada

pelambrera- carencia

pelao- sin dinero

pelota- desnudo

pelú- frío intenso

pendejear- perder el tiempo

pepa- 1. semilla de un fruto 2. pastilla

peposo- algo que está muy bueno

percha- ropero

perico- cocaína

periquero- usuario de cocaína

periférico- periferal

perrear- bailar reggaetón

perreo- baile de reggaetón

perrillo- machete bastante largo

perrita- moneda de 1 centavo

perse- preocupación

persiana- ventana

pescaíto- trampa, engaño

pescozá- cachetada

peseta- 1. veinticinco centavos de dólar 2. cumplir 25 años

peso- dólar

petardo- 1. pequeño explosivo 2. persona promiscua

pica- juego de azar, especie de ruleta con caballitos

picao- un poco borracho

picarse- sentirse aludido

pichear- ignorar a alguien

pichipén- madera de baja calidad

picotear- comer aperitivos

picúa- niña que hace cosas muy adelantadas a su edad o tiene muchas
ocurrencias

pietaje- metraje

pileta- se usaba antiguamente para lavar la ropa; era un cuadrado de
cemento con una tabla para lavar

pillo- 1. ladrón, ratero 2. conexión ilegal de algún servicio

pilón- 1. dulce 2. mortero

pinche- 1. sorprender a alguien haciendo algo indebido 2. instrumento
de madera o plástico para sujetar la ropa 3. hebilla para el cabello

pinchera- negocio ambulante de venta de pinchos

pincho- trozos de carne asada colocados en un palito

piñón- plato que se confecciona a base de plátano

pionono- fritura hecha de plátano maduro

pipa- barriga

piquiñapo- golpecito con las uñas en los nudillos de otra persona

piquito- (en Ponce)- guiso hecho a base de hígado y/o corazones

piragua- raspado de sirope de frutas

piragüero- vendedor de piraguas

piringa- algo de mal sabor o sucio

pirulí- dulce típico

pisicorre- camioneta de 17 pasajeros

pitao- rápido

pitirre- ave que toma su nombre del sonido que emite

pito- silbato

pitorro- licor clandestino

plan- seguro médico

plasta- algo que no sirve

plástica- persona presumida, altanera

platanutre- fritura de plátano

plena- baile típico

plenero- músico de plena

plomo- bala

pluma- 1. bolígrafo 2. grifo

pocavergüenza- descaro

pocillo- vaso para servir café

pollina- fleco que se dejan las mujeres en la frente

pollochón- pollo adobado al estilo del cerdo asado

polvo- acto sexual

pomarrosa- fruta de color amarillo que se consigue mayormente en las orillas de los ríos

pompeao- 1. bien vestido 2. en su mejor momento

pon- transportación gratis, aventón

ponchar- 1. registrar asistencia 2. visitar la novia

posición- cargo, puesto

postularse- presentarse como candidato

potrón- persona que va contra la ley o se resiste a ella

prángana- 1. sin dinero 2. sonido que emite algo pesado cuando cae

prender- 1. encender 2. golpear a alguien

prendía- paliza

prepa- novato en una escuela

prera- 1. *PRERA (siglas de Puerto Rico Emergency and Reconstruction Act)* 2. Así llaman las personas a una ayuda que consiste en comestibles, otorgada por el gobierno

prerrequisito- clase que tienes que tomar obligatoriamente para poder tomar la siguiente.

presear- vigilar demasiado

presentao- metiche

preservar- conservar

presumiblemente- presuntamente

principal- directora de la escuela

printear- imprimir algo

printer- impresora

proactivo- tomar iniciativa

proficiencia- competencia

prom- baile de graduación

pronto- entrada que se paga cuando se compra algo a plazos

puchunguito- bebé muy bonito

puertorro- 1. nacido en Puerto Rico o de ascendencia puertorriqueña 2. nombre que le dan los puertorriqueños en los Estados Unidos a su país

pugilato- problema o enredo

pulguero- mercado de pulgas, lugar donde se realizan las ventas de garaje

pulguilla- venta de garaje

punto- lugar donde se venden drogas

puñales- denota enojo o molestia

purrón- balde

putipuerca- mujer fácil

putuca- gran cantidad de dinero

puya- 1. inyección 2. indirecta 3. espina 4. sin azúcar

puyero- persona que le gusta lanzar indirectas

puyú- plantado, se quedó esperando

Q

quedao- desertor escolar

quenepas- fruto, limoncillo, mamoncillo

quesito- dulce de repostería

quimbombó- fruto traído por los esclavos africanos

quincallero- vendedor ambulante

quinqui- 1. cabello muy rizado o difícil de peinar 2. algo que asusta

quitao- algo fácil

R

rabascoso- de personalidad difícil, grosero

raitrú- verdad

rajarse- renunciar a algo

rajiero- ratón pequeño

ralo- café que queda aguado

rampletera- mujer de mala reputación

rapear- tratar de enamorar a alguien

raquet- timo

raquetero- timador

rasero- a nivel del piso

raspacoco- recorte muy pegado

raspacumlaude- pasar de grado con bajas calificaciones

rastrillero- promiscuo

rata- traidor

ratón- malestar que siente la persona el día después de emborracharse

realengo- callejero, que no tiene dueño

rebate- reembolso, descuento

rebildear- reconstruir

rebuleo- pelea, discusión

rebulero- persona que le gusta crear discordias

recao- sofrito

recreacional- recreativo

rediseñar- diseñar nuevamente

refunfuñar- 1. molestarse 2. hacer algo bajo protesta

regatear- tratar de lograr un precio más bajo en algo

reggaetón- música urbana

reggaetonero- cantante de reggaetón

regla- menstruación

reguerete- cúmulo de cosas desorganizadas

remedial- remediador

remegío- 1. encorvado 2. que no crece

removible- desmontable

rentar- alquilar

repelillo- temor a algo

resaca- malestar que se siente el día después de una borrachera

resumir- reanudar

retoyo- brote que sale de una planta

revolú- 1. falta de organización 2. lío, problema

ring- cuadrilátero

ripostar- contestar

rochao- frustrado, triste

roncar- presumir

roska- terminar destrozado en una pelea

S

sabana- llanura extensa

safao- fresco, atrevido, insolente

sajorí- muy inquieto

salamero- pegajoso

salao- con mala suerte

salpafuera- 1. desorden 2. problema 3. pelea

salsipuedes- 1. situación desordenada 2. lugar lejano

sambumbia- mezcla de muchas cosas

sanano- tonto, bobo

sancochao- 1. alguna herida que no se cura 2. con mucho calor 3. viandas o verduras mezcladas con bacalao

sancocho o salcocho- cocido de viandas y/o verduras

sandunguero- persona que le encanta el baile y las fiestas

sándwich- emparedado

santiamén- rápido

santiguar- remedio de medicina natural para curar dolores y problemas estomacales

saranana- picor

sarpiche- camaroncitos

sato- animal de raza desconocida o poco apreciada

seco- 1. muy flaco 2. árido

serenata- comida que se hace a base de bacalao

sereno- rocío

sereta- cabello abundante

serrero- sin rumbo

serrucho- recolecta de dinero

seto- pared

severo- grave

sicote- mal olor que sale de los pies

simbronazo- golpe muy fuerte

similaridad- similitud

similñoco- palabra para dar nombre a algo que se te olvida como se llama

sínsoras- lugar lejano

sipi- sorbo

siquitraque- 1. desorden 2. Rollo delgado de papel con pólvora, petardo *sobaco*- axila

sobrao- atrevido

sobresalío- persona confianzuda

soneo- ritmo musical en el que se improvisa la canción

sonero- persona que tiene el don de improvisar canciones de salsa o son

sonsonete- repetir el mismo tema

soplamoco- golpe

soplapote- cómplice, el que hace los trabajos de otro

soponcio- mareo o desmayo

sorbeto- popote, pajilla para sorber un líquido

soroco- sin pareja

sorullo- fritura de harina de maíz

sosito- 1. callado 2. decepcionado

sucio- traidor

sucrosa- sacarosa

sucusumucu- hacer algo escondido

suplementar- completar

suplir- abastecer

sustentable- sostenible

T

tablilla- placa que llevan los automóviles para registración

tablillero- estante, anaquel

tabonuco- árbol autóctono de nuestro país

tabú- tema del cual es difícil hablar

tacos(as)- calzado femenino

tala- huerto

talao- desyerbo

tapabocina- tapas que se les ponen a los aros de un carro

tapón- tráfico pesado o embotellamiento

taquilla- entrada para algún evento

taxista- chofer de taxi

tecata- heroína

tecato- adicto a las drogas ilegales

teclear- utilizar un teclado

tembleque- postre típico

tenis- calzado deportivo

textear- enviar mensajes de texto

tiesto- maceta, recipiente para colocar plantas

tikismikis- selectivo

tiple- instrumento musical típico

tiraera- guerra lírica en la música urbana

tirar- tratar de enamorar a alguien

tirijala- discusión

tisanas- te, infusiones caseras

tiznao- 1. que ha estado expuesto al carbón, quemado por el sol 2. caldero manchado por el fuego

tocao- persona que ha ingerido varios tragos

tocayo- persona que tiene igual nombre que otra

tojunto- persona obesa

topos- dados

torta- mucho dinero

tortazo- cachetada, golpe con la mano abierta

tortolitos- pareja de enamorados

tostao- loco

tostón- 1. plátano verde frito 2. pedazo del cabello mal recortado

tostonera- pieza de madera donde se elaboran los tostones

trabuco- 1. tener destrezas 2. buen equipo o grupo

tráfala- persona de dudosa reputación

tráiler- remolque o vagón

trambo- truco, engaño

trampear- lograr conectar ilegalmente algún servicio público

trancazos- golpes

trapero- ropa en malas condiciones

traqueteo- hacer movidas algo sospechosas

trasnochao- amanecido

traspuntiao- disgustado con alguien

trastear- tratar de arreglar algo

trasunto- tener cierto parecido a alguien

tratar- intentar

tricotear- salir los niños en la llamada noche de brujas a buscar dulces
    por el vecindario

trili- hacer algo sin miedo

trincar- contraer los músculos

trinco- 1. con ropa muy ajustada 2. que no baila bien

tripear- relajar, vacilar

tripioso- algo que está muy bueno

tripleta- sándwich de tres carnes diferentes

trompá- cachetada

trompo- juguete hecho de madera

trucutú- un susto o cantazo

trulla- grupo de personas que van a cantar a un lugar

tufo- mal olor

tumbar- 1. robar 2. matar a alguien

tumbe- robo

turca- borrachera

turuleco- demente, loco

tusa- sinvergüenza, charlatán

tutiplén- abundancia, muchos

tutorial- guía

U

umjú- no te creo o continúa

utilidad- servicio esencial

V

vaguada- disturbio atmosférico

vegetal- estar todo el día sin hacer nada

vellón- 1. (en Ponce)- 10 centavos de dólar 2. (en San Juan y el resto de la isla)- 5 centavos de dólar

vellonera- nombre que se le da a la máquina a la cual le pones dinero para sonar alguna canción *verdolaga-* planta ornamental que se propaga de manera rápida

verdugón- moretón

verija- entre piernas

virao- molesto, iracundo

volao- de prisa

vuelta- sobrante o cambio de dinero

W

wasón- mentiroso compulsivo

wepa- saludos

X

xilio- brujería

Y

yagrumo- árbol de hojas de color verde por un lado y blancas por el otro

yagua- 1. material del que se hacían las viviendas 2. algo muy grande (yaguas de pies)

yal- chica

yanicleca- arepa

yautía- tubérculo comestible

yerna- nuera

yeyo- infarto

yuca- tubérculo comestible

yucayeque- villa o poblado taíno

Z

zafacón- recipiente para echar la basura

zángano- tonto

zapatearse- evadir alguna responsabilidad

ziper- cremallera

zurra- paliz

Refranes y frases de nuestra gente

1. ¡Ay "chus"!- Burla a alguien que quiere hacerse el más fino.

2. ¡Ay bendito!- Lamentación, la expresión más típica del puertorriqueño.

3. ¡Corre, que te coge la plancha!- Burla a una persona que tiene la ropa estrujada.

4. ¡Me caso en "na"!- Expresión de coraje.

5. ¡Qué chulo!- Se dice cuando algo está muy lindo.

6. ¿A quién le amarga un dulce?- Nadie se queja de lo que le gusta.

7. ¿Cuándo no es pascuas en diciembre?- Problemas recurrentes, algo que era de esperarse.

8. ¿Qué cuál es tu hermano? El vecino más cercano- Aprender a compartir con los vecinos.

9. ¿Qué es la que hay?- ¿Cómo estás?

10. ¿Qué puedes esperar de un burro, una patada o un beso?- Se dice de una persona ignorante o torpe.

11. ¿Quién te dio vela en este entierro?- Se le dice a una persona para que no se meta en lo que no le incumbe.

12. "Compay" es "compay", pero la gallina son seis reales-
Establecer las reglas y la diferencia entre amistad y negocios.

13. A bodas y bautizos, no se lleva comparsa- Si te invitan a un lugar
no lleves más invitados.

14. A buen entendedor, con pocas palabras basta- Una persona
inteligente puede entender algo breve.

15. A buena hambre, no hay pan duro- Si no hay dinero hay que ser
conforme con lo que se tiene.

16. A caballo "regalao", no se le mira el colmillo- Hay que ser
agradecido.

17. A cada guaraguao, le llega su pitirre- Todo guapo tiene alguien
más guapo que le pone un alto.

18. A cada puerco, le llega su Noche Buena- Lo que está
predestinado pasará.

19. A cada santo, le llega su hora- Lo que está predestinado pasará.

20. A cualquier trapo le llaman frisa y se arropan con el- Darle título
a cualquier cosa sin importar la calidad.

21. A Dios rogando y con el mazo dando- Son religiosos pero a la
misma vez torturadores; ser proactivos.

22. A donde te quieren mucho, no vayas a menudo- No estar metido
en las casas ajenas.

23. A falta de pan, galletas- Hay que ser conforme con lo que se
tiene.

24. A grandes males, grandes remedios- Hay que tener ideas y
afrontar los problemas.

25. A la hora de la campaña, promesas; a la hora de cumplir, excusas- El eterno problema con los políticos y sus mentiras.

26. A la larga, todo se sabe- Por más que se oculten las cosas, siempre salen a la luz.

27. A la mujer casta, Dios le basta- La mujer que se guarda, puede evitar situaciones.

28. A la tercera, va la vencida- No darse por vencido.

29. A la tierra que fueres, haz lo que vieres- Aprende todo lo que puedas.

30. A llorar pa' maternidad- Evita las quejas y lamentaciones.

31. A lo culo de res- Algo mal hecho.

32. A lo hecho, pecho- Asumir responsabilidades.

33. A mal paso, darle prisa- No postergar lo que tienes que hacer por más difícil que sea.

34. A mal tiempo, buena cara- Hay que tener actitud positiva.

35. A mala hora, el perro no ladra- Tener precaución y no ser confiado.

36. A mi plin y la madama dulce e coco- No me interesa.

37. A mi se me cayeron los dientes, pero no fue por pendejo- No subestimar a las personas.

38. A ningún comerciante, le apesta su bacalao- Cada cual defiende lo suyo.

39. A otro perro con ese hueso- No querer saber de un tema o no creerlo.

40. A palabras necias, oídos sordos- No tomar en consideración las palabras que otro dice.

41. A punto de caramelo- A punto de descubrirse o en el momento propicio.

42. A quien Dios no le da hijos, el diablo le envía sobrinos- Nadie se libra de tener responsabilidades.

43. A raja tabla- Hablar sin tapujos o rodeos.

44. A rey muerto, rey puesto- Sustituir a alguien rápido.

45. A río revuelto, ganancia de pescadores- Muchas oportunidades ante determinadas situaciones.

46. A veces sale más caro el collar, que el perro- A veces vale más el trabajo que se pasa, que el objetivo logrado.

47. A ver si es verdad que el gas pela- Saber manejar una situación.

48. A volar que el sol "cambea"- No perder el tiempo.

49. Acompáñate con los buenos y serás uno de ellos- Saber que núcleo de amigos tienes, te evita problemas.

50. Admisión de culpa, relevo de pruebas- No hay que buscar culpables cuando alguien admite lo que hizo.

51. Afortunado en el juego, desafortunado en el amor- No se puede tener todo en la vida.

52. Agua corriente, no mata gente- Si el agua está en movimiento no te hará daño; todo lo que pasa sucede por algo.

53. Agua en Caguas, que en Cayey llueve- Indica que estés atento o vigilante.

54. Agua pasada, no mueve molino- Ya lo pasado pasó.

55. Agua que no has de beber, déjala correr- Si algo no te interesa, no te metas.

56. Aguanta la boca- No comas de más; o deja de estar hablando lo que no debes.

57. Aguja sabe lo que cose- Cada cual sabe lo que hace.

58. Ahí fue donde la puerca entorchó el rabo- Ahí está el problema.

59. Ahí si hay mucha tela de donde cortar- El tema es amplio.

60. Al amigo hay que tenerlo cerca y al enemigo, más cerca todavía- Cuidarse de las personas.

61. Al animal ponzoñoso, Dios le regala alas- El que hace maldades siempre tiene el tiempo de hacerlas.

62. Al bocón, se le da un bofetón- el que crea discordias siempre termina mal.

63. Al César lo que es del César y a Dios lo que es de Dios- Es bíblico, Dios dice que cumplamos con las leyes terrenales, pero que no olvidemos darle gloria a su nombre y cumplir con El.

64. Al mejor cazador, se le escapa la presa- No se puede ser muy confiado.

65. Al mejor fruto, todos le tiran piedras- Siempre habrá quien trate de desprestigiar a una persona exitosa.

66. Al pan, pan y al vino, vino- Hablar claro, decir las cosas como son.

67. Al que Dios se lo da, San Pedro se lo bendice- Cada cual tiene lo que Dios le permite tener.

68. Al que hace mal, págale con latones de bien- Devolver bien por mal.

69. Al que le caiga el sayo, que se lo ponga- Se dice para no aludir a nadie en específico.

70. Al que no le gusta el calentón, que no se meta a la cocina- Se dice para que personas que no quieren enfrentarse a determinadas situaciones no intervengan.

71. Al que no quiere caldo, se le dan tres tazas- Algo que no te gusta hacer y por mala suerte lo tienes que hacer.

72. Al son que le tocan baila- Es bien dispuesto.

73. Alábate pollo, que mañana te guisan- No seas pretencioso o altanero.

74. Algo tiene el agua, cuando la bendicen- Se dice cuando creemos que todo sucede por algo y no por casualidad.

75. Allá ellos que son blancos y se entienden- Dejar que ellos hablen allá lo que deseen.

76. Allá Marta con sus pollos- No querer involucrarse en algún problema.

77. Alzó el vuelo- Se fue.

78. Amigo en la adversidad, amigo de verdad- El verdadero amigo te tiende su mano cuando de verdad lo necesitas.

79. Amigo es el ratón del queso, y se lo come- No se puede confiar en todo el mundo.

80. Amigo es un peso en el bolsillo y si lo tienes- Muchas veces, los amigos no aparecen.

81. Amistad a un lado, negocios a otro- Se puede ser amigo, pero hay que ser cuidadoso con el dinero.

82. Amor de lejos, amor de pendejos- Relaciones a distancia son propensas a fracasar.

83. Amor, con amor se paga- Hay que obrar bien.

84. Amor, viento y ventura, pronto se mudan- Hay que cuidar lo que se tiene para que no se pierda.

85. Anda buscando la madre del trabajo para matarla- Se refiere a una persona vaga.

86. Animal con animal se entienden- Es una burla a una persona y su mascota o insinuar que es bruto.

87. Animal que no conozcas, no lo metas a tu "cercao"- No confiarte de las personas.

88. Ante la duda, saluda- Aclara las dudas, no actúes a la ligera.

89. Antes muerto que sencillo- Se dice de una persona altanera o pretenciosa.

90. Antes se coge a un mentiroso, que a un cojo- Tarde o temprano, la mentira se descubre.

91. Árbol que nace "doblao", jamás su tronco endereza- Es muy difícil que una persona cambie.

92. Así me vences- Percepción que tienen los demás de que no haces nada.

93. Atente a pan y no comas queso- Estar pendiente y ser cuidadoso.

94. Aterriza que no hay tocón- Las cosas están bien.

95. Bailó hasta los anuncios- Bailó mucho.

96. Bajando hasta las calabazas- La bajada es fácil, subir es lo difícil.

97. Bajó los santos- Maldijo, profirió palabras soeces.

98. Barco grande, ande o no ande- La comodidad sobre todo.

99. Barriga llena, corazón contento- Comer para estar tranquilo.

100. Bastante ayuda, quien no estorba- A veces el que dice que te ayuda te perjudica.

101. Bendito es hermano de jódete- A veces sentir pena por alguien te acarrea consecuencias y en vez de ayudar creas un monstruo.

102. Billete mató a galán- El interés por el dinero.

103. Borrón y cuenta nueva- Olvidar lo pasado.

104. Bosteza aquí y levanta tierra en Irak- Tiene hambre.

105. Botó la bola- Hizo algo grandioso.

106. Brinca 5 pelos de alambre y no los ve- Es atrevido.

107. Brinca más que un sapo- No se queda quieto.

108. Bueno es el pan y le comen el culo- No se puede ser muy bueno porque abusan de eso.

109. Caballo malo, se vende lejos- Ir lejos a vender algo con desperfectos para que no te lo devuelvan.

110. Cada cabeza es un mundo- Cada persona es única.

111. Cada cual a lo suyo- No meterse en la vida ajena.

112. Cada cual arrima la sardina a su brasa- Trabajar tus propios asuntos.

113. Cada cual hace con su cuero su propio tambor y busca quien se lo toque- Decides como vivir tu vida.

114. Cada cual sabe donde le aprieta el zapato- Cada cual conoce sus problemas.

115. Cada cual sabe de la pata que cojea- Cada cual conoce sus limitaciones.

116. Cada cual siente sus males, y Dios siente los de todos- Dios siempre está ahí.

117. Cada gallina a su gallinero- No estar pendiente a la vida ajena.

118. Cada loco con su tema- Deja que cada cual viva como quiera.

119. Cada uno como pueda se explique, y que se rasque donde le pique- Que cada cual resuelva sus problemas.

120. Caen como gallinas goteadas después de huracán- Hay abundancia.

121. Caga más que un pato "amarrao"- Persona que va mucho al baño.

122. Calladita te ves más bonita- Mejor no digas nada.

123. Calma piojo, que el peine llega- Aprender a esperar.

124. Camarón que se duerme, se lo lleva la corriente- En la vida hay que estar atento siempre.

125. Cambió chinas por botellas- Tomó una mala decisión.

126. Camina como ficha mala- Camina mucho.

127. Camina con los codos- Es tacaño.

128. Camina porque en la casa hay gallinas, porque si hubiera culebras se arrastra- Indica que una persona es torpe o ignorante.

129. Camino malo, se pasa ligero- Hay que afrontar los problemas y no posponerlos.

130. Caras vemos, corazones no sabemos- No ser muy confiado.

131. Caridad contra caridad, no es caridad- No esperar nada a cambio de los favores que has hecho.

132. Cayó como tronco e joya- Se quedó dormido inmediatamente.

133. Cayó en la página de Cheo- Cayó en desgracia o tiene problemas y deudas.

134. Clavó la uña- Desapareció, salió muy rápido.

135. Cogen pon y quieren guiar- Abusan de la confianza.

136. Cogió el monte- Se fue sin avisar o desapareció.

137. Cogió la "juyilanga"- Se fue o se perdió.

138. Cogió pon- Le hicieron el favor de darle transportación o llevarlo a algún lugar.

139. Colgó los guantes- Se casó.

140. Come como lima nueva- Persona que come mucho.

141. Come como llaga mala- Persona que come mucho.

142. Come hasta cartón "mojao"- Se dice de una persona que busca cualquier tipo de persona como pareja.

143. Comió chuletas plásticas- Persona que no se dobla para nada.

144. Comió varilla- Persona que no se dobla para nada.

145. Como come el mulo, caga el culo- Se obtienen los resultados esperados según la persona.

146. Como el que no quiere la cosa- Tratar de averiguar algo.

147. Como el vino; mientras más viejo mejor- Indica que aunque pasen los años, uno se siente bien.

148. Como mastica ese "mellao"- Tiene el pantalón metido en el fundillo.

149. Como te ves me vi, como me ves te verás- No burlarte de las personas mayores, porque es ley de vida envejecer.

150. Con amigos así, no se necesitan enemigos- En vez de ayudarte, te crea problemas.

151. Con la boca es un mamey- Hablar es fácil, hacerlo es difícil.

152. Con la boca llena, no se habla- Cuando uno está comiendo no debe estar hablando; es de mala educación.

153. Con la vara que midas, serás medido- Ten temor a la justicia de Dios.

154. Con no sé, no se escribe- No hablar para no incriminarte.

155. Con paciencia y saliva, se la mete el elefante a la hormiga- No confiarte de nadie porque te puedes llevar una sorpresa.

156. Con salud y dinero, hago cuanto quiero- El dinero es necesario pero la salud es esencial para hacer las cosas.

157. Con unas se pagan otras- Alegrarse de algo malo que le haya ocurrido a alguien que anteriormente te haya hecho daño.

158. Conocen a san dame pero no conocen a san toma- Se dice de personas que no colaboran en nada, pero les encanta que los ayuden.

159. Corrió como pillo de película- Salió huyendo.

160. Corrió como yegua "esnúa"- Salió huyendo.

161. Crea fama, y acuéstate a dormir- La gente opina siempre de lo que ve de tu vida.

162. Cría cuervos, y te sacarán los ojos- No confiar demasiado.

163. Cuando a uno le dan la cabra, hay que buscar la soga y llevársela rápido- Si te aparece una oportunidad no la dejes perder.

164. Cuando Dios da el ñame, lo da entre dos piedras- Para todo en la vida hay que pasar trabajo.

165. Cuando el gato no está en casa, los ratones hacen fiesta- Si no hay una persona fuerte en la casa; el hogar se desmorona.

166. Cuando el hambre ataca, la vergüenza afloja- A veces se hacen muchas cosas incorrectas por poder cubrir alguna necesidad económica.

167. Cuando el río suena, agua trae- Estar pendiente a lo que te dicen para que tomes acción.

168. Cuando hay un perro huevero en el barrio, todas las paga el- Acusan a una persona por todo lo que sucede en determinada área, basándose en su pasado.

169. Cuando la pobreza entra por la puerta, el amor sale por la ventana- El dinero trae muchos problemas en el hogar, pero es esencial.

170. Cuando lo entierren le va a faltar tierra- Se dice de una persona mala o tacaña.

171. Cuando muera van a necesitar dos cajas, una para el y otra para la lengua- Se dice de una persona chismosa.

172. Cuando nació lo lavaron con agua de "fregao"- Se dice de una persona que no tiene vergüenza.

173. Cuando no está preso, lo andan buscando- Siempre está metido en problemas.

174. Cuando no hay bueyes, se ara con vacas- Hay que resolver con lo que se tiene.

175. Cuando no puedas con la cruz, la arrastras- Tomar los problemas con calma.

176. Cuando se está hundiendo el barco, salen todas las ratas- Los falsos amigos no están cuando los necesitas.

177. Cuando tú ibas, yo venía- Saber algo antes que la otra persona o creer ser más astuto.

178. Cuando uno va por el río abajo, hasta de las piedras se pega- Ser conforme.

179. Cuando Washington estornuda, a Puerto Rico le da pulmonía- Los cambios que ocurren en Estados Unidos afectan a Puerto Rico.

180. Cuanto más escarba la gallina, más tierra se echa encima- Mientras más mentiras, peor es.

181. Cuentas claras, conservan amistades- La verdad sobre todo, o pagar lo que se debe.

182. Cuernos con consentimiento, no duelen- Hay personas que toleran la infidelidad; o tener conocimiento de algo, te permite afrontarlo mejor.

183. Cuidado que te cortas- Se dice para que una persona tenga cuidado de no pisar algún excremento por donde va pasando.

184. Cuídate la espalda, que ya el pecho se perdió- Se le dice a una persona que tiene tos fuerte.

185. Dale percha- Utilizas mucho la misma ropa.

186. Dale pichón- Olvida el asunto.

187. Dame un "ñaqui"- Dame un bocado

188. Dando, dando, pajarito volando- Pagar al momento

189. Dar a luz rejuvenece, criar es lo que envejece- La crianza es difícil.

190. De amor nadie se muere, pero se matan por el- Las desilusiones pasan con el tiempo y también hay amores enfermizos.

191. De cien uno y de mil ninguno- Se dice cuando hay poco de donde escoger.

192. De cualquier malla, sale un ratón- No confiar demasiado.

193. De esos quedan dos, el tuyo y el del diablo- Se dice cuando algo es raro o difícil de conseguir.

194. De grano en grano, la gallina llena el buche- Poco a poco se logran los objetivos.

195. De la abundancia del corazón, habla la boca- Como tratas a los demás habla de tus sentimientos y valores.

196. De la esperanza, vive el pobre- La fe no se puede perder.

197. De la suerte y la muerte, nadie escapa; ni el rico, ni el rey, ni el Papa- La muerte es lo más seguro que tenemos; al igual que podemos tener un golpe de suerte.

198. De los buenos quedan pocos- Se dice para que te cuides cuando se informa sobre la muerte de alguien.

199. De los parientes y el sol, mientras más lejos mejor- Vivir cerca de familiares ocasiona a veces muchos problemas.

200. De malagradecidos, se llenará el infierno- Hay demasiados malagradecidos.

201. De mejores sitios me han botado y me he ido- No le importa que no lo quieran en algún lugar.

202. De mi maíz, ni un grano- Lo dicen las chicas cuando alguien no les gusta.

203. De noche todos los gatos son prietos- No se puede distinguir.

204. De poetas y locos, todos tenemos un poco- Todos podemos ser creativos.

205. De que los hay los hay; lo que hay es que dar con ellos- Se dice cuando una persona es tonta.

206. De que vale una jaula de oro, si el pájaro está solo- Puedes tener muchas cosas materiales, pero si te falta el amor de nada valen.

207. De tal palo, tal astilla- Son muy parecidos.

208. Deja el pellejo en la finca- Es un buen trabajador.

209. Dejó a uno en las tablas- Lo dejó sin nada.

210. Dejó al cabro velando las lechugas- No sabe que esa persona lo traiciona; no se puede ser confiado.

211. Dejó habichuelas ablandando- Tiene prisa.

212. Dejó la cucaracha viuda- Hombre que sale bien vestido y deja sola a la esposa.

213. Del agua fría, el gato escaldado huye- Hay personas muy cobardes.

214. Del agua mansa, líbrame Dios, que de la brava, me libro yo- Tener cuidado con los que parecen tímidos porque pueden ser más astutos que los que dicen ser listos.

215. Del árbol caído, todos hacen leña- Se aprovechan de una persona que está en desgracia.

216. Del bueno se abusa- Las personas se aprovechan de los bondadosos.

217. Del dicho al hecho, hay un gran trecho- Una cosa es lo que se dice y otra es como lograrlo.

218. Del plato a la boca, se pierde la sopa- Aprovechar el tiempo.

219. Descubrió América- Dijo algo que no es novedad.

220. Desde las gradas, todo el mundo juega- Para criticar muchos aparecen, pero para hacer algo, muy pocos.

221. Desde que se inventaron las excusas, nadie queda mal- Las mentiras para salvarse de las situaciones.

222. Desde que se inventaron los palitos, nadie se quema los dedos- La comodidad ante todo.

223. Después de la risa, viene el llanto- Hay momentos de felicidad, pero también de tristeza.

224. Después de la tormenta, llega la calma- Los problemas no duran para siempre.

225. Después del gusto, viene el disgusto- A veces las personas se llevan sorpresas cuando creen que todo les está saliendo bien.

226. Después que la cría la ahorca- Vulgarmente, se le dice a una chica cuando lleva ropa muy pegada.

227. Después que tu le quitas la piel al conejo, ¿cómo se la pones para atrás?- Cuando le dañan la reputación a una persona es muy difícil restaurarla.

228. Después que uno se muere, pa' que quiere la vela- Disfrutar la vida porque cuando mueres no te llevas nada.

229. Desviste a un santo para vestir a otro- Deja de cubrir unas necesidades para poder cubrir otras.

230. Dime con quién andas y te diré quién eres- Las personas te catalogan por tus amistades.

231. Dime cuanto traes y te diré cuánto vales- Se le da más valor al dinero que a la personalidad.

232. Dime de qué presumes y te diré lo que te falta- No ser presumido; ser humilde.

233. Dímelo cantando- Decir algo sin miedo; o habla que te estoy escuchando.

234. Dio más vueltas que un puerco suelto- Caminó bastante o merodeó el área varias veces.

235. Dios aprieta, pero no ahorca- Dios nunca nos desampara.

236. Dios castiga sin fuete y sin vara- La justicia de Dios llega de cualquier forma.

237. Dios dice: ayúdate que yo te ayudaré- La fe hay que accionarla.

238. Dios escribe derecho, sobre trazos torcidos- Dios no se equivoca.

239. Dios los cría y ellos se juntan- Se dice cuando las personas son similares en su comportamiento.

240. Dios mira y apunta- Tener presente que Dios juzgará nuestros actos.

241. Dios no se queda con nada de nadie- Confiar en la justicia divina.

242. Dios nos coja confesados- Estar preparados ante cualquier situación.

243. Dios se lo deje gozar- Se le dice a una persona cuando compra o adquiere algo nuevo.

244. Donde come uno, comen dos- Aprender a compartir.

245. Donde hay 13, hay un traidor- Siguiendo el relato bíblico de la traición de Judas; se cree que el número 13 es de mala suerte.

246. Donde hubo fuego, cenizas quedan- Si dos personas se amaron, puede quedar parte de ese amor todavía vivo.

247. Donde le ve los pies le quiere ver la cabeza- Le tiene odio y le desea todo mal.

248. Donde manda capitán, no manda marinero- Hay que seguir las instrucciones dadas por los jefes.

249. Donde pone el ojo, pone la bala- Tiene puntería, es certero.

250. Donde reina la mujer, el diablo es primer ministro- Es de corte machista, indica que a las mujeres les encanta dar órdenes.

251. Donde resbala ese, se "escocota" un mono- Es tacaño.

252. Dos cabezas piensan mejor que una- Trabajar unidos.

253. Dos jueyes machos en una misma cueva, no pueden vivir- Dos personas de carácter difícil, siempre tienen problemas entre ellos.

254. Dos son compañía, tres son demasiado- No querer que haya nadie más.

255. Duró menos que un temblor de tierra- Algo muy breve.

256. Échate a enfermar, verás quien te quiere bien o te quiere mal- Descubrir quienes son los que te rodean en realidad.

257. El "presentao" no muere en su casa; muere en la plaza- No estar averiguando por la calle, porque te puede ir mal.

258. El aceite y el vinagre, no se mezclan- Se dice cuando dos personas son totalmente opuestas.

259. El amor entra por la cocina- Se dice que hay personas que se enamoran por lo rico que la otra persona cocina.

260. El amor es ciego; pero el matrimonio le devuelve la vista- Las personas hacen locuras por amor y no les importa nada, pero en el matrimonio muchas cosas cambian.

261. El amor es como la paloma; viene, la caga y se va- Cuando una persona sufre una desilusión amorosa.

262. El amor lo perdona todo- El que ama de verdad, puede soportar y perdonar situaciones.

263. El amor no se compra con dinero- El amor no puede ser interesado o condicionado.

264. El amor y el interés fueron al campo un día, y pudo más el interés que el amor que te tenía- El interés por lo material arruina las relaciones de pareja.

265. El buey viejo ara bien- No subestimar a las personas de mayor edad.

266. El camino del infierno, está lleno de buenas intenciones- Indica que no se puede ser confiado y que no todo lo que parece bueno, en realidad lo es.

267. El campo es leña- Se le dice a una persona ignorante.

268. El casado, casa quiere- Para evitar intromisiones, el matrimonio necesita su espacio.

269. El cerdo, siempre busca el fango- Se dice de una persona que no desea cambiar ni mejorar o si cambió, nadie se lo cree.

270. El día está lindo; seguro que llega alguien y lo jode- Siempre sucede algo o llega alguien y te daña el día.

271. El día que te casas, o te curas o te matas- El matrimonio es impredecible.

272. El dinero llama al dinero- Los que tienen dinero cada día logran más y los que no tienen, siguen igual.

273. El dinero no da la felicidad, la compra hecha- Indica lo que hace el dinero en la persona incluyendo hacerlos infelices.

274. El fin justifica los medios- La lucha de una persona por lograr sus objetivos.

275. El gato macho, se "capa" una sola vez- Se dice cuando te llevas una desilusión de una persona.

276. El gofio ahoga- No se puede ser avaro.

277. El golpe avisa- Estar pendiente.

278. El hábito no hace al monje, pero lo distingue- No juzgar a las personas por su apariencia.

279. El hombre es como el oso, mientras más feo más sabroso- Se dice para levantar la autoestima del hombre feo.

280. El hombre es de la calle y la mujer es de la casa- Comentario machista que indica que el hombre controla el hogar.

281. El hombre es fuego, la mujer estopa, viene el diablo y sopla- La debilidad del hombre es la mujer.

282. El hombre propone y Dios dispone- En todo plan, Dios tiene la última palabra.

283. El ladrón juzga por su condición- Hay personas que critican a los demás y ellos están peor.

284. El lechón se asa donde se pela- Terminar las cosas donde las comenzaste.

285. El matrimonio es como el demonio- Se dice cuando se dificulta la convivencia matrimonial.

286. El matrimonio es como los gandules, empieza en flores y termina en vainas- Indica que luego de casarse surgen problemas por la diferencia entre las personas envueltas.

287. El movimiento se demuestra andando- No basta con ideas, hay que llevarlas a la acción.

288. El muerto a los tres días apesta- No quedarse en casa de nadie como arrimado.

289. El muerto al frente y la gritería atrás- Los seguidores buscando intereses.

290. El muerto al hoyo y el vivo al "retoyo"- La vida continúa.

291. El mundo se me viene encima- No encontrarle solución a los problemas.

292. El ocio es la madre de todos los vicios- La persona que tiene tiempo de sobra, puede hacer muchas cosas malas.

293. El ojo del amo engorda al caballo- No se puede presumir.

294. El pájaro se conoce por la "churretá"- Cada quien tiene su manera de ser.

295. El papel aguanta, todo lo que le escriban- No creer en todo lo que te dicen.

296. El pasto hay que quemarlo para que nazca verde- Los problemas se cortan de raíz.

297. El perro cuando no come la mierda la huele- Poner en duda el cambio en una persona.

298. El perro huevero, ni aunque le quemen el hocico se le quita- La persona mala es muy difícil que cambie.

299. El pez grande, se come al pequeño- Los poderosos aplastan a los sencillos.

300. El pez, por su propia boca muere- No se puede ser glotón.

301. El progreso causa olvido- Con los avances en tecnología, nos alejamos de las personas.

302. El pudor de la doncella, la hace parecer más bella- La inocencia de la joven la hace interesante y debe ser cuidadosa.

303. El que a buen árbol se arrima, buena sombra le cobija- Seguir el camino del bien.

304. El que a hierro mata, a hierro muere- Todo mal hecho regresa a ti.

305. El que algo quiere, algo le cuesta- Hay que sacrificarse para lograr lo que se quiere.

306. El que asa dos conejos, se le quema uno- No se puede pretender tenerlo todo, hay que hacer las cosas de una a la vez.

307. El que brega con miel, se chupa los dedos- En la política implica corrupción.

308. El que busca en yaguas viejas, encuentra cucarachas- No buscar en el pasado y no tratar de criticar personas porque tal vez puedas estar peor.

309. El que busca encuentra- Se dice a una persona que resulta sorprendida cuando se entera de algo o a alguien que busca problemas y lo agreden.

310. El que calla otorga- A veces se toma en cuenta el que una persona no diga nada para defenderse, como si fuera culpable.

311. El que con palabras enamora, con hechos decepciona- No se puede creer en las personas ciegamente.

312. El que copia no iguala- Aprender a ser original, las personas son diferentes.

313. El que da lo que tiene, a pedir se atiene- A veces carecemos de las cosas por hacer favores a los demás.

314. El que da primero, da dos veces- Ser osado o atrevido.

315. El que da y quita, el diablo lo visita- Aprender a ser generoso.

316. El que de su casa se aleja, no la encuentra como la deja- Estar pendiente a lo tuyo para que no lo pierdas.

317. El que duerme con niños, amanece mojado- El grupo de personas en el que te mueves te puede afectar positiva o negativamente.

318. El que es gallo, en cualquier lado canta- La persona decidida logra lo que se propone.

319. El que esté libre de pecado, que tire la primera piedra- Es bíblico, indica que no se puede juzgar a los demás.

320. El que guarda, siempre tiene- Aprender a ahorrar.

321. El que haga el colombo, que se lo eche al hombro- Ser responsable.

322. El que hizo la ley, hizo la trampa- Los que crean las leyes son los primeros que las violan y las personas hacen trucos para no cumplirlas.

323. El que invita, paga- El que genera la invitación tiene que cumplir con la persona a la que invita.

324. El que juega con fuego se quema- Tener precaución en la vida.

325. El que juega por necesidad, pierde por obligación- No confiar en las apuestas ni juegos de azar, porque pierdes el poco dinero que tienes.

326. El que la hace, la paga- Creer en que la justicia llegará.

327. El que lo hereda, no lo hurta- Se dice de una persona que es igual a su padre.

328. El que madruga, Dios le ayuda- Aprender a ser responsable.

329. El que mira padece, el que toca goza- Se dice cuando una persona mira a otra pero no la puede tener.

330. El que mucho abarca, poco aprieta- No se puede ser acaparador.

331. El que mucho promete, poco cumple- No dejarte llevar por las promesas de la gente, especialmente de los políticos.

332. El que mucho se ausenta, pronto deja de hacer falta- Estar pendiente de tu relación para que no se enfríe.

333. El que mucho se despide, pocas ganas tiene de irse- Se dice cuando una persona no se quiere ir de un lugar.

334. El que mucho se excusa, se acusa- A veces dando explicaciones se enreda o simplemente quiere justificarse todo el tiempo.

335. El que nace pa' chivo, del cielo le caen los cuernos- Una persona que ha sufrido infidelidades frecuentemente.

336. El que nada debe, nada teme- Andar con la frente en alto si no tienes nada que ver con determinada situación.

337. El que nada espera, no se defrauda- Valerse por uno mismo.

338. El que nada, no se ahoga- Aprender a hacer algo para sobrevivir.

339. El que necesita anda- No ser vago.

340. El que no aprende, es porque no quiere- No ser vago y comenzar a estudiar algún oficio.

341. El que no arriesga, no gana- Ser osado en la vida.

342. El que no camina, no tropieza- Todos tenemos situaciones.

343. El que no coge consejos, no llega a viejo- Escuchar consejos te ayudará en la vida.

344. El que no está, no hace falta- Hay que contar con los que están dando la mano.

345. El que no llora, no mama- Hay personas que se hacen víctimas para que les tengan pena y lo logran.

346. El que no pide, Dios no lo escucha- Deja tus peticiones en manos de Dios.

347. El que no tiene dinga, tiene mandinga- No se puede negar nuestra herencia africana.

348. El que no tiene hechas, no tiene sospechas- Tener la conciencia tranquila cuando no se ha hecho nada malo.

349. El que no tiene padrino, no se bautiza- Puedes tener preparación académica, pero si no estás con los políticos de turno, no logras nada.

350. El que no tiene para más, con su mujer se acuesta- Ser conforme.

351. El que paga lo que debe, sabe lo que le sobra- Ser responsable.

352. El que peca y reza empata- El arrepentimiento por nuestros actos.

353. El que persevera, alcanza- No desistir en la lucha por lograr los objetivos.

354. El que por su gusto muere, la muerte le sabe a gloria- Hacer las cosas a sabiendas.

355. El que presta a un amigo, pierde el dinero y pierde el amigo- A veces por causa del dinero se pierden las amistades.

356. El que presta el carro, presta la mujer- No se puede prestar todo lo que tienes.

357. El que presta, no mejora- Muchas personas no devuelven lo prestado.

358. El que reparte, comparte y le toca la peor parte- A veces se reparte pero hay más personas de la cuenta y te puedes quedar sin nada.

359. El que revisa lo que no debe, se entera de lo que no quiere- No ser entremetido.

360. El que ríe último, ríe mejor- La justicia siempre llegará.

361. El que sabe, sabe- El que tiene el conocimiento puede hacer las cosas como debe ser.

362. El que se alegra del mal del vecino, el suyo le viene en camino- No alegrarse del mal de los demás.

363. El que se baja mucho, se le ve el culo- No se puede ser muy bondadoso.

364. El que se brinda se sobra- Si no te piden tu ayuda, no te metas.

365. El que se busque la sarna, que con su mano se la rasque- Cada cual sea responsable de sus actos.

366. El que se coma la carne, que se coma también el hueso- Atenerte a las consecuencias de tus actos.

367. El que se junta con perros, se le pegan las pulgas- Te catalogan de acuerdo al grupo de amistades que tienes.

368. El que se lleva la gallina, se lleva los pollitos- Si tu pareja tiene hijos de otro matrimonio y se van a casar, te los tienes que llevar también.

369. El que se mete a mono, pierde el rabo- Si te buscas los problemas, tendrás consecuencias.

370. El que se mete a redentor, sale crucificado- Por ser bueno, puedes terminar mal, porque ayudas y el problema lo adquieres tu.

371. El que se pica, ají come- Sentirse aludido.

372. El que se va de la villa, pierde su silla; el que va y viene siempre la tiene- Ser responsable y cuidadoso con lo que tienes.

373. El que se va no hace falta- Nadie es indispensable.

374. El que siembra en terreno ajeno, pierde el tiempo y la semilla- Tratar de asegurar lo tuyo siempre.

375. El que siembra espinas, que no espere cosechar flores- Si tratas mal a los demás, no esperes que te traten bien.

376. El que siembra viento, cosecha tempestades- Si solo haces el mal, eso es lo que recibirás de vuelta.

377. El que solo la hace, solo la paga- No andar en grupos para evitar situaciones.

378. El que solo se ríe, de sus maldades se acuerda- Recordar hechos anteriores.

379. El que te guayó que te pinte- Darle la responsabilidad al que le corresponde.

380. El que tenga miedo, que se compre un perro- No se puede ser cobarde.

381. El que tenga tienda, que la atienda o si no que la venda- Estar pendiente a lo tuyo.

382. El que tiene amigos no sufre, el que sufre es el amigo- Abusar de la bondad de los demás.

383. El que tiene boca, no manda a soplar- Si puedes hacer las cosas, no envíes a nadie a hacerlas por ti.

384. El que todo lo come, todo lo caga- Aprender a guardar y a pensar en el mañana.

385. El que venga atrás que arregle- Dejarle la carga a otro.

386. El que vive de ilusiones, muere de desengaños- No se puede ser confiado.

387. El ratón que no tiene más que un agujero, pronto lo pilla el gato- Hay que tener varias opciones para no salir mal.

388. El sol sale para todos- Para todos hay oportunidades en la vida.

389. El tiempo lo cura todo- Todo problema tiene solución.

390. El trabajo no mata a nadie, pero no hay que arriesgarse- Creencia de los vagos.

391. El vago trabaja doble- A veces por no querer hacer las cosas, les salen mal y las tienen que volver a hacer.

392. En arroz y habichuelas- Háblame claro.

393. En boca cerrada, no entran moscas- Ser reservado.

394. En boca de mentirosa, la verdad se hace dudosa- Hay personas que no tienen credibilidad ninguna.

395. En casa de herrero, cuchillo de palo- Tener cuidado.

396. En el carro de don Fernando, un ratito a pie y otro andando- Caminar porque no hay carro disponible.

397. En el día más claro llueve- Nunca estamos exentos de que algo ocurra.

398. En el país de los ciegos, el tuerto es el rey- Siempre hay alguien que se aprovecha de las situaciones.

399. En guerra avisada, no muere gente- escuchar consejos y advertencias.

400. En la confianza está el engaño- No confiarse de las personas.

401. En la guerra y en el amor, todo se vale- En la vida hay que arriesgarse para lograr lo que deseas.

402. En la unión está la fuerza- Mientras más colaboración, mejor se pueden hacer las cosas.

403. En la vida todo tiene remedio, menos la muerte- No preocuparse demás.

404. En lo que el diablo pega un ojo- Algo rápido.

405. En lo que el hacha va y viene, el árbol descansa- Tener paciencia.

406. En martes, ni te cases ni te embarques, ni de tu familia te apartes- Superstición sobre la mala suerte en día martes.

407. En peleas de matrimonio, nadie se mete- Dejar que los matrimonios resuelvan sus propios asuntos.

408. En su casa lo conoce y le guardan la comida- Cuando una persona es desconocida.

409. En todas partes se cocinan habas- Donde quiera hay problemas.

410. Enfermo que come, no muere- Indica esperanza de vida.

411. Enganchó los tenis- Murió.

412. Entra a la iglesia, pero la iglesia no entra en el- Asiste a la iglesia, pero sigue siendo igual que siempre.

413. Entran por arrimados y quieren salir por dueños- Abusan de la confianza.

414. Entre bomberos, no le pises la manga- No quieras hacerle mal a otro o actuar de mala fe.

415. Entre broma y broma, la verdad se asoma- Decir las palabras de forma indirecta.

416. Entre col y col, una lechuga- Siempre algo inesperado sucede.

417. Entre dos que se quieren, con uno que coma basta- Aprender a compartir.

418. Entre la tuerta y la coja, métase el diablo y escoja- No hay muchas opciones.

419. Entró como Juan por su casa- Cuando alguien abusa de la confianza o se cree el dueño de algo.

420. Éramos muchos y parió la abuela- Llega alguien que no queremos ver.

421. Es al revés de los cristianos- Hace las cosas de manera contraria a lo establecido.

422. Es bueno el culantro, pero no tanto- No abusar de las cosas, moderación.

423. Es bueno pero no sirve- Cuando una persona es mala o no está capacitada para realizar determinada tarea.

424. Es combinación de boca y patas; abre la boca y mete la pata- No piensa bien lo que dice y esto le ocasiona problemas.

425. Es como creer que el rabo menea al perro- Ser ignorante.

426. Es como el agua; no se le niega a nadie- Es una persona fácil.

427. Es como el anamú; la yerba que el chivo no masca- Persona mala.

428. Es como el moriviví- Se enferma, pero no se muere.

429. Es como el perro del hortelano; ni come, ni deja comer al amo- No comparte o no deja a las demás personas vivir en paz.

430. Es como el roble; no se dobla- Persona perseverante o persona que no quiere trabajar.

431. Es como el tiburón; cada cierto tiempo, se come un hombre- Burla a una persona que cuando bebe le gusta enamorar a personas de su mismo sexo.

432. Es como el yagrumo; tiene dos caras- Al igual que el árbol del mismo nombre, la persona se presenta de una forma a tu lado, pero cuando no está contigo te desprestigia.

433. Es como el zorzal; lo que no se come lo daña- Es una persona que siempre hace el mal.

434. Es como la reina mora; a veces canta y a veces llora- Cambia de estados de ánimo.

435. Es como la verdolaga; donde cae se extiende- Cuando una persona llega a un lugar y se quiere adueñar de todo.

436. Es como San Blas; comió y se va- Visita a un hogar en la hora de la comida y luego se va.

437. Es como Santo Tomás: ver para creer- Incrédulo.

438. Es como un puente roto; nadie lo pasa- Tiene personalidad difícil.

439. Es de clavo "pasao"- De convicciones serias.

440. Es de humanos errar, y de sabios rectificar- aceptar y enmendar los errores.

441. Es del corazón del rollo- Vive entregado a su partido político de preferencia.

442. Es el mismo perro, con diferente collar- La misma persona, no ha cambiado nada.

443. Es la changa- Es astuta para conseguir ciertos propósitos

444. Es más arao que una junta de bueyes- Torpe o bruto.

445. Es más bravo que un ají- Mal humorado.

446. Es más bruta que la soga de la puerca- Persona torpe.

447. Es más caro que aceite de almendra- Algo es muy costoso.

448. Es más duro que la zapata del Morro- Tacaño.

449. Es más duro que un mojón de guayaba- Tacaño.

450. Es más fácil pedir perdón, que pedir permiso- Es más fácil remediar un error que atreverse a cometerlo a conciencia.

451. Es más fácil que la tabla del cero- Burla a persona promiscua.

452. Es más fea que la palabra sobaco- Burla a persona fea.

453. Es más fea que un carro por debajo- Burla a persona fea.

454. Es más fea que un caso de drogas- Burla a persona fea.

455. Es más feo que la noche- Burla a una persona fea.

456. Es más fino que un Rolex- Algo de calidad o burla a un amanerado.

457. Es más fuerte que el odio- Tener fortaleza física o sentimientos malos.

458. Es más guapo que el gallo camagüey- Es atrevido, valiente.

459. Es más largo que el mes de mayo- Burla por la altura o queja por la duración de algo.

460. Es más largo que la esperanza de un pobre- Burla por la altura o queja por la duración de algo.

461. Es más lento que un suero de brea- Persona que no se apura.

462. Es más lento que una caravana de cojos- Persona que no se apura.

463. Es más malo que un límber de gas- Persona de carácter difícil.

464. Es más pesado que un matrimonio mal llevado- Persona de carácter difícil.

465. Es más puta que las gallinas- Mujer promiscua.

466. Es más vago que la "quijá" de arriba- Persona vaga.

467. Es más vieja que el agua del río- Burla a una persona vieja o a algo viejo.

468. Es más viejo que andar a pie- Burla a una persona vieja o a algo viejo.

469. Es más viejo que el frío- Burla a una persona vieja o a algo viejo.

470. Es mejor chiquito y juguetón, que grande y manganzón- No burlarse por los tamaños y no creer que porque algo es grande, es mejor.

471. Es mejor dar, que recibir- Ser generoso.

472. Es mejor estar solo, que mal acompañado- Aprender a vivir la soledad y no caer en la dependencia.

473. Es mejor herir con la verdad, que matar lentamente con la mentira- Decir la verdad siempre.

474. Es mejor malo conocido, que bueno por conocer- No arriesgarse con las personas.

475. Es mejor pagarle los estudios y no invitarlo a comer- Se dice cuando una persona come mucho.

476. Es mejor precaver, que tener que lamentar- Tomar precauciones siempre.

477. Es mejor que digan aquí corrió, que aquí murió- Cuidarse y evitarse problemas.

478. Es mejor tenerlo y no necesitarlo, que necesitarlo y no tenerlo- Aprender a cuidar las cosas.

479. Es mejor un cobarde vivo, que un valiente muerto- No tratar de dárselas del más valiente.

480. Es peor el remedio, que la enfermedad- A veces resolver un problema trae más consecuencias de lo que esperamos.

481. Es tan barato como un afiche de guineos verdes- Algo de poco valor.

482. Es tierra que no produce- Se dice cuando una persona es mala.

483. Es un cero a la izquierda- No tiene valor o no ayuda en nada.

484. Es un pan de Dios- Persona muy buena.

485. Es un peligro estar vivo- Tener precaución siempre.

486. Es una chulería en pote- Muy buena persona.

487. Es una jodienda y tres "pendejás"- Sabe mucho o es muy valiente.

488. Es vengativo como la culebra- No se puede confiar en esa persona.

489. Esa fue la gota que colmó la copa- No soportar más alguna situación.

490. Escoba nueva, barre bien- La diferencia entre lo nuevo y lo viejo.

491. Ese arroz ya se coció- Se descubrió lo que había.

492. Ese es un vela güira- No pierde el tiempo para aprovecharse de la situación.

493. Ese huevo quiere sal- Hacen algún favor buscando algún beneficio.

494. Ese no come cuentos- Persona que atiende las situaciones sin temor ninguno.

495. Ese no es santo de mi devoción- Se dice cuando una persona no te cae bien.

496. Ese viene a ensuciarle a uno el batey- Persona que viene a traer o crear problemas.

497. Eso da tres días antes de morir- Burla a una persona que se queja de alguna dolencia.

498. Eso es como llover sobre mojado- Repetir lo mismo varias veces.

499. Eso es harina de otro costal- Otro asunto que no viene al caso.

500. Eso es jabón que no se gasta- Se dice cuando una persona le ha sido infiel y no la quiere dejar o cuando le gusta una persona casada.

501. Eso es lo que quiere el pez, que lo tiren al agua- Cuando una persona hace algo para llamar la atención y conseguir lo que quiere.

502. Eso es meterse en camisa de once varas- Eso es meterse en problemas serios.

503. Eso es pa' picar, no pa' "jartarse"- Se dice para que las personas no coman de más.

504. Eso es suerte y verdad- Dejar que suceda lo que sea.

505. Eso es un bombito al "pitcher"- Algo que es fácil.

506. Eso es un mamey- Algo que es fácil.

507. Eso es un pellizco e ñoco- Algo que es fácil.

508. Eso está color de hormiga brava- El problema es serio.

509. Eso está manga por hombro- Algo que está revuelto o desorganizado.

510. Eso fue en el año de las guácaras- Hace mucho tiempo.

511. Eso fue en tiempos de María Castaña- Hace mucho tiempo.

512. Eso fue lo que trajo el barco- Ser conforme.

513. Eso le pasa al que lleva amigos a la casa- Precaución con tus amigos y tu pareja.

514. Eso me huele a peje Maruca- Las cosa no están muy claras.

515. Eso no come habichuelas- Se le dice a una mujer cuando lleva bastante tiempo sin pareja.

516. Eso no es ninguna cáscara de coco- Eso no es tarea fácil.

517. Eso no lo despinta nadie- Ya no se puede cambiar.

518. Eso no se hizo pa' bañar mulas- Respuesta que te da una persona cuando va a beber.

519. Eso pasa en las mejores familias- En todos lugares ocurren situaciones.

520. Eso se cae de la mata- Algo que es obvio.

521. Eso son otros veinte pesos- Eso es otro asunto.

522. Eso terminó como el rosario de la Aurora- Terminó en pelea o discordia.

523. Espaldas vueltas, memorias muertas- Olvidar el pasado.

524. Está "lambiendo" el caldero por lo "tiznao"- Está pasando por una mala racha, sin dinero.

525. Está "pasao"- Persona que hace locuras o es atrevida.

526. Está "virao"- De mal humor.

527. Está atrás como los huevos del perro- Se enteró tarde de las cosas.

528. Está bailando con la más fea- Está pasando por una situación difícil.

529. Está bregando cajita de pollo- Persona que no está obrando bien.

530. Está buscando fuete pa' su fundillo- Hace algo que lo va a perjudicar.

531. Está cavando su propia tumba- Persona que se busca los problemas.

532. Está comiendo de lo que pica el pollo- Come todo lo que encuentra o está desesperado.

533. Está como boca de lobo- Está muy oscuro un sitio.

534. Está como caballo de monte- Enamorado.

535. Está como caballo de pesebre- Está ansioso por conseguir pareja.

536. Está como cabro de monte- Está enamorado o ansioso por conseguir pareja.

537. Está como chinche de catre- Comió bastante.

538. Está como el arroz y habichuelas- La encuentras donde quiera.

539. Está como el Ave María; entre todas las mujeres- Un hombre en un grupo de mujeres.

540. Está como el jamón del sándwich- Se encuentra en el mismo medio del problema.

541. Está como el mata piojos- Alguien que es insistente en lo mismo.

542. Está como el mono; de palo en palo- Está bebiendo mucho.

543. Está como gato que lambe aceite- Está muy mal.

544. Está como guabá- Persona que está enfurecida.

545. Está como iglesia abandonada; no tiene cura- Se dice cuando una persona está muy enferma.

546. Está como la calabaza; con la uña se va- Se dice cuando una mujer se ve muy bien.

547. Está como la dita; todo lo recoge- Burla a una persona promiscua.

548. Está como la flor de majagua- Está amarillento.

549. Está como la oreja; detrás del cachete- Persona que se aprovecha de la generosidad de los demás, pero nunca aporta nada.

550. Está como la Policía; siempre tarde- Se le dice a una persona irresponsable o que se entera último de las cosas.

551. Está como para picar a alguien para pasteles- Sumamente molesto.

552. Está como pez en el agua- Está muy cómodo en lo que está haciendo.

553. Está como pitirre de poste; le tira a todo lo que se mueve- Persona que trata de enamorar a todo el mundo.

554. Está como ratón viejo; orejas y pelo- Se dice cuando una persona tiene apariencia de enfermo.

555. Está como refajo e loca- Está ebrio.

556. Está como sapo e letrina- Comió bastante.

557. Está como seso e múcaro- Está ebrio.

558. Está con su labia monga- Es persuasivo.

559. Está dando palos a ciegas- No sabe que va a hacer.

560. Está dándose el palo- Está ingiriendo bebidas alcohólicas

561. Está doblando el codo- Está ingiriendo bebidas alcohólicas

562. Está echando agua en cántaro roto- No le importa nada o la solución que le busca al problema no es la más correcta.

563. Está echándole maíz- Está tratando de conquistarla.

564. Está el pícaro "botao"- Hay muchos aprovechados.

565. Está en el ocho- Está enfadado.

566. Está en el quinto sueño- Está durmiendo profundamente.

567. Está en la procesión y también quiere tocar las campanas- Quiere hacerlo todo.

568. Está en su gallinero- Está en su territorio.

569. Está entre la espada y la pared- Está en una situación difícil.

570. Está feliz como una lombriz- Está muy contento.

571. Está gordo como puerco gallego- Burla a una persona muy gruesa.

572. Está gozando como el guaraguao- Está feliz.

573. Está más "ajumao" que los trapos de la plancha- Está ebrio.

574. Está más "ajumao" que una arenca- Está ebrio.

575. Está más "alante" que la ciencia- Persona que está muy adelantada en un trabajo o que lleva alguna ventaja sobre alguien.

576. Está más "apagao" que un fósforo bajo el agua- Perdió la fama.

577. Está más "chupao" que una pepa de quenepa- Burla a una persona delgada.

578. Está más "empolvá" que una Mallorca- Con exceso de polvo o base en la cara.

579. Está más "enfogonao" que el diablo- Sumamente molesto.

580. Está más "esmayao" que un maestro de escuela- Persona con hambre o en una situación económica difícil.

581. Esta más "jalao" que un timbre de guagua- Persona delgada o que acaba de pasar un tiempo enfermo.

582. Está más "metío" que el soco del medio- Está enamorado.

583. Está más "pa'llá" que "pa'cá"- Una persona que está muy enferma o muy flaca.

584. Está más "pegao" que un chicle en la brea- Está en su momento de fama.

585. Está más "pelao" que el culo del mono- Sin dinero.

586. Está más "pelao" que las rodillas de un cabro- Sin dinero.

587. Está más "pelao" que un chucho- Sin dinero.

588. Está más "pelú" que un empacho e coco- Sin recortar.

589. Está más "salao" que el "toto" de la sirenita- Tiene mala suerte.

590. Está más "salao" que un bacalao- Tiene mala suerte.

591. Está más "salao" que una pata de mondongo- Tiene mala suerte.

592. Está más "tiznao" que el fundillo de la olla- Se dice cuando una persona está quemada por el sol.

593. Está más apretado que un paquete de cucas- Tiene la ropa muy apretada.

594. Está más brillado que un caculo- Tien vestido y arreglado.

595. Está más caliente que el "switch" del sol- Está en problemas.

596. Está más combinado que una papeleta- La ropa le queda bien combinada.

597. Está más concentrado que un jugo de china- Pensando mucho.

598. Está más contento que un perro con dos rabos- Está feliz.

599. Está más dura que el puño de un loco- Se le dice a una mujer que se ve bien.

600. Está más dura que una tuerca mohosa- Se le dice a una mujer que se ve bien.

601. Está más dura que ver la madre morir- Se le dice a una mujer que se ve bien.

602. Está más enredado que una mosca en una tela de arañas- Está confundido o en problemas serios.

603. Está más flaco que un bejuco- Burla a una persona delgada.

604. Está más flaco que un lagartijo- Burla a una persona delgada.

605. Está más flaco que un palo de escoba- Burla a una persona delgada.

606. Está más jincho que sobaco de monja- Está pálido o muy blanco.

607. Está más jincho que un peo- Se le dice a una persona muy blanca o que está pálida.

608. Está más lisa que una tabla- Se le dice a una mujer con nalgas pequeñas o chumba.

609. Está más loco que una cabra- Se le dice a una persona que tiene problemas mentales.

610. Está más olorosa que una moña e "recao"- Perfumada.

611. Está más perdido que un juey bizco- Sin rumbo o dirección.

612. Está más perdido que una cucaracha en baile de gallinas- Está en un sitio que no conoce o donde todas las personas son extrañas.

613. Está más sudado que una olla de presión- Persona que suda demasiado.

614. Está meando dulce- Se dice cuando un niño llega a la pubertad.

615. Está metiendo la cuchara- Interviniendo en asuntos que no debe.

616. Está nuevecito de paquete- Algo que no se ha usado o tiene poco tiempo de uso.

617. Está pelando pa' que otro chupe- Haciendo un trabajo del que otro se va a beneficiar.

618. Está pidiendo cacao- Pide clemencia.

619. Está por la maceta- Algo que está muy bueno.

620. Está probando una cucharada de su propia medicina- Está recibiendo castigo por lo que ha hecho.

621. Está que echa las tripas por la boca- Profiriendo palabras soeces.

622. Está que prende de medio maniguetazo- Está molesto

623. Está sirviendo de abogado del diablo- Cuando una persona trata de defender lo indefendible o aboga por algo malo.

624. Está soñando con pajaritos "preñaos"- Está con la mente en otro lado.

625. Está suelta como "gabete"- Anda sin preocupaciones y buscando pareja.

626. Está trabajando para el inglés- No obtiene beneficio de lo que trabaja.

627. Está viva de chiripa- Está viva por suerte.

628. Está volteando como pichón de monte- Está sin rumbo o dirección.

629. Estaba de pico a pico- Estaba discutiendo acaloradamente con alguien

630. Están a dos por chavo- En abundancia o baratas.

631. Están como las pascuas- Están felices.

632. Están cortados con la misma tijera- Actúan igual.

633. Están ofreciendo villas y castillas- La está ilusionando.

634. Estiró la pata- Murió.

635. Esto no pare más- Cuando algo no tiene remedio.

636. Esto ya se está pasando de castaño a oscuro- El problema se va tornando serio.

637. Estoy como los que vienen de allá afuera; loco por irme- Se dice cuando tienes deseos de irte de un lugar inmediatamente.

638. Estoy haciendo una rifa de galletas y tu compraste todos los números- Advertencia a una persona de que lo van a golpear si sigue molestando.

639. Evita el peligro y no caerás en el- Tener precaución.

640. Falta más que la carne en casa- Es irresponsable, se ausenta mucho.

641. Favor con favor se paga- Ser agradecido.

642. Fiao murió, mala paga lo mató- Se le dice a una persona que no paga sus deudas.

643. Formó una tormenta en un vaso de agua- Una persona que creó un problema serio de una tontería.

644. Fue por lana y salió trasquilado- Persona a la que no le salieron las cosas como esperaba.

645. Gallina cantando, huevo puesto- Algo rápido.

646. Gallina vieja, da buen caldo- Se dice de la mujer mayor que todavía puede ser feliz o que se ve bien.

647. Gallo que empata, no pierde- Seguir adelante aunque las cosas no salgan como esperas.

648. Gallo que no canta, algo tiene en la garganta- Hay algo raro en el asunto.

649. Genio y figura, hasta la sepultura- Una persona que nuca cambia sus actitudes.

650. Habla el burro de orejas- Una persona comenta de otra persona pero ella está peor.

651. Habla más que una vieja sin tabaco- No se calla.

652. Habla siempre que debas y calla siempre que puedas- Aprender a pensar lo que se dice y a ser discreto.

653. Habla un muerto de un ahorcado- Critica a una persona que está en la misma situación.

654. Habladas o escritas las palabras, sobran las que no hacen falta- Controlarse y no hablar de más.

655. Hablando del rey de Roma y la nariz que asoma- Se dice cuando llega alguien que justo antes se estaba mencionando.

656. Hablando la gente se entiende- La comunicación evita problemas.

657. Hablaste por boca de santo- Comentó algo muy cierto o lo que comentó pasó de inmediato.

658. Hartura para hoy, hambre para mañana- Cuando una persona no tiene recursos económicos y trata de resolver situaciones con lo poco que tiene.

659. Hasta aquí me trajo el río- No hay salida o no participar más de algo.

660. Hay 100 gallinas, tírales a todas que alguna cae- No lamentarse porque alguien no te quiera, hay más personas.

661. Hay 99 maneras de pedir y con esa son 100- cuando una persona te va con rodeos, pero sabes que quiere algo.

662. Hay de todo como en botica- Hay abundancia.

663. Hay de todo en la viña del Señor- Aprender a tolerar a los demás.

664. Hay gustos que merecen palos- Crítica que se hace cuando alguien escoge algo que no es lo que todo el mundo espera.

665. Hay mucho que ganar y poco que perder- En la vida hay que arriesgarse.

666. Hay muchos caciques y pocos indios- Muchas personas dando instrucciones, todos se creen jefes.

667. Hay que arar con los bueyes que se tienen- Ser conforme.

668. Hay que coger al toro por los cuernos- Atender la situación y no huirle.

669. Hay que comer a seca- Comer lo que haya.

670. Hay que dar del ala, para comer de la pechuga- A veces hay que hacer unas cosas para poder resolver otras.

671. Hay que dar para recibir- Si no eres generoso con los demás, no esperes que ellos lo sean contigo.

672. Hay que darle el beneficio de la duda- Hay que dejar que la persona se defienda.

673. Hay que darle el don a quien se lo merece- Reconocer algún atributo, gesto o cualidad de alguna persona.

674. Hay que darle tiempo al tiempo- Tener paciencia.

675. Hay que darle una galleta para que hable y 20 para que se calle- Se dice de una persona que no quiere hablar, pero luego no se quiere callar.

676. Hay que estirar los pies, hasta donde llega la cobija- No malgastar.

677. Hay que hacer de tripas corazones- Resolver con lo que se tiene.

678. Hay que joderse- Frustración cuando las cosas no salen como esperas.

679. Hay que leerle la cartilla- Advertir a tiempo para evitar problemas.

680. Hay que llevar dos sacos, uno para dar y otro para recibir- En una pelea, todo puede suceder.

681. Hay que pararle el caballito- Ponerle un alto a una situación.

682. Hay que pasar la zarza y el guayacán- Hay que pasar dificultades.

683. Hay que ponerle el cascabel al gato- Alguien tiene que hacer frente a la situación.

684. Hay que reír para no llorar- Ante toda situación hay que presentar nuestra mejor cara.

685. Hay que saber nadar y guardar la ropa- Hay que cuidarse o saber hacer las cosas.

686. Hay que tener los pantalones en su sitio- Tener firmeza y carácter.

687. Hay que trabajar hombro con hombro- En estrecha colaboración.

688. Hay quien forma un nudo y después no encuentra como soltarlo- Persona que se mete en muchos problemas.

689. Hay quien se acuesta con las vacas y se levanta con los toros- Persona a la que no le salieron las cosas como esperaba.

690. Hijo de culebra, no nace redondo- No se le puede exigir más.

691. Hijo de gato, caza ratón- Hijo que actúa igual que su padre.

692. Hijo fuiste, padre serás; según lo hiciste, así lo verás- Respetar a los padres y valorarlos para que en el futuro seas tratado igual.

693. Hijos casados, trabajo doble- Los hijos se van pero regresan con los nietos.

694. Hijos míos ahí los dejo; viva el listo del más pendejo- Los listos se aprovechan de los tontos.

695. Hizo buche- Se quedó callado.

696. Hombre callado, no goza mujer bonita- No se puede ser tímido.

697. Hombre casado, burro domado- Con el matrimonio se le acaba la libertad.

698. Hoy no es sábado para que te bañes- Se le dice a una persona cuando se está bañando, como queriendo insinuar que va a salir para algún lugar o va en malos pasos.

699. Hoy por ti, mañana por mí- Hoy puedes estar bien, pero mañana puedes estar en necesidad; por eso ayuda a tu prójimo.

700. Jesús es Dios y hablaron de Él; que hablen de mi no es nada- No importarle los comentarios de la gente.

701. Juntos pero no revueltos- Puedes estar con un grupo, pero no hacer lo mismo que ellos.

702. La "pedrá" que está para el perro, hasta después de muerto se la dan- Lo que está predestinado pasará.

703. La agonía es larga, pero la muerte es segura- Tarde o temprano lo que está por pasar, pasará.

704. La ausencia causa olvido- Se aprende a sobrellevar una pérdida o se le pierde el cariño a alguien que te abandona.

705. La cabra siempre tira pa'l monte- Indica que no se puede creer en los cambios en las personas.

706. La calentura no está en la sábana- Ser cuidadoso.

707. La caridad empieza por casa- Antes de compartir lo que tienes, recuerda las prioridades.

708. La carne de burro no es transparente- Le indica a una persona que está metido en el medio impidiendo que alguien vea algo.

709. La confianza rompió el saco- No se puede dar confianza de más.

710. La costumbre es la ley- Las cosas se hacen así porque siempre se han hecho de la misma forma.

711. La cuestión no es llegar, sino quedarse- Ser persistente.

712. La culpa es huérfana- Nadie quiere asumir responsabilidad por algo.

713. La curiosidad mató al gato- No meterse en lo que no le importa.

714. La envidia es mala consejera- No dejarse guiar por la envidia, porque acarrea problemas.

715. La envidia mata- La persona envidiosa envenena su alma con malos deseos y vive frustrada.

716. La espera desespera- Lo malo que es esperar por algo o por alguien.

717. La experiencia es la madre de la ciencia- De todas las experiencias se aprende y se desarrolla la creatividad.

718. La familia es como el sol, mientras más lejos mejor- A veces la cercanía de la familia trae problemas al matrimonio.

719. La fe mueve montañas- Creer firmemente en Dios.

720. La gallina de arriba, caga a la de abajo- Los que tienen poder pisotean a los más débiles.

721. La ignorancia es atrevida- Por desconocimiento se cometen locuras.

722. La intención es lo que cuenta- Se dice cuando se da un regalo para que la persona sepa que se le estima.

723. La isla menos Morovis- Se cuenta que todos los pueblos fueron afectados por una epidemia de cólera morbo menos Morovis.

724. La justicia es ciega- Indica que a la justicia se le escapan muchas cosas.

725. La juventud del viejo, está en el bolsillo- Las jovencitas buscan a los viejos, mayormente por interés.

726. La lengua habla y se esconde y la que paga es la cara- A veces por chismes se forman peleas.

727. La letra con sangre entra- Hay que estudiar con dedicación o aprender algo obligado.

728. La ley del embudo, para mí lo ancho y para ti lo agudo- Aprovecharse de la situación.

729. La ley entra por la casa- La ley es para todos por igual.

730. La luna no es de queso, ni se come con galletas- No se puede ser confiado.

731. La luz de "alante", es la que alumbra- Aprovechar lo que llega primero.

732. La memoria es como el mal amigo; cuando más falta te hace, te falla- Lo difícil que es encontrar verdaderos amigos.

733. La mierda se ignora- No darle importancia a lo que no lo merece.

734. La mona aunque se vista de seda, mona se queda- Por más cosas que haga seguirá igual, burla a una mujer fea.

735. La muerte es lo único seguro que tenemos en la vida- No se puede olvidar que vamos a perecer y que todo lo demás es pasajero.

736. La muerte no escoge- Todos pereceremos.

737. La mujer y la guitarra, para tocarlas hay que templarlas- Cuidar a la pareja porque sino la pierdes.

738. La necesidad, es la madre de la invención- El genio se activa ante la necesidad.

739. La novia vieja, por más ropa linda que le pongan, sigue siendo vieja- Las cosas seguirán igual, burla a una mujer fea.

740. La palabra conmueve, pero el ejemplo arrastra- Si dices algo, no puedes vivir de forma contraria.

741. La persona después de muerta "retoya"- Cuando una persona deja bienes materiales surgen muchos problemas entre los herederos.

742. La práctica hace al maestro- Lo aprendido se perfecciona practicando.

743. La práctica hace milagros- Lo aprendido se perfecciona practicando.

744. La sangre llama- Los lazos familiares siempre son fuertes.

745. La sangre pesa más que el agua- La familia siempre es primero.

746. La soga parte por lo más delgado- Los problemas tarde o temprano salen a la luz.

747. La suerte de la fea, la bonita la desea- Se dice que la mujer fea tiene más suerte para establecer relaciones de pareja.

748. La suerte es de quien la tiene- Hay personas que tienen mucha suerte y no se le debe envidiar.

749. La suerte es loca y a cualquiera le toca- Nadie está exento de tener suerte.

750. La última cuenta la paga el diablo- Se dice cuando una persona tiene miedo a adquirir alguna deuda.

751. La venganza nunca es buena, mata el alma y la envenena- No ser vengativo porque te afecta el corazón.

752. La verdad aunque severa, es amiga verdadera- Decir la verdad siempre.

753. La verdad es hija de Dios- Decir la verdad siempre.

754. La vergüenza que tenía, se la comió un caballo- Persona desvergonzada.

755. La vida es dura, pero tiene sus recompensas- En la vida hay momentos malos, pero también momentos buenos.

756. La Virgen sea tu madrina- Advertencia de que no hagas algo o sufrirás las consecuencias, protégete.

757. Ladrón que roba a ladrón, tiene mil años de perdón- Se dice cuando una persona le roba al gobierno o a alguien que acostumbra a hacer lo mismo.

758. Las apariencias engañan- Date tiempo de conocer a las personas y a no dejarte llevar por rumores.

759. Las canas y los cuernos no son de vejez- Según va pasando la vida, vas adquiriendo más capacidad.

760. Las cosas caen por su propio peso- Todo se descubre tarde o temprano.

761. Las cosas con tiempo tienen remedio- Atender las situaciones de inmediato.

762. Las cosas le suceden a las personas, porque las personas las permiten- Tienes el poder para salir de situaciones, pero si no lo haces, seguirás igual.

763. Las desgracias no vienen solas- Cuando una persona cae en desgracia, le suceden muchas cosas más.

764. Las estrellas te aconsejan, pero no te obligan- Tomar tus propias decisiones.

765. Las excusas solo son buenas, para quien las da- No necesariamente te creerán lo que digas, ser responsable.

766. Las medias son para los pies- Si una de las personas está casada no se puede tener una relación fuera del matrimonio porque será algo a medias, no tener una pareja que está con alguien más.

767. Las opiniones son como los culos; todo el mundo tiene uno- Las personas siempre opinarán y hay que respetar eso.

768. Las palabras se las lleva el viento- No tomar en consideración lo que alguien te dice.

769. Las palabras se toman según de quien vienen- No darle valor a lo que no lo merece.

770. Las penas con pan son menos- Aprender a sobrellevar las cargas de la vida.

771. Las verdes por las maduras- Hay que soportar unas cosas para lograr otras.

772. Le bajó el moco- Le quitó la guapería.

773. Le cantó el gallo- Se le dice a la niña que ya tiene su primera menstruación.

774. Le cayeron encima como chinchas- Lo golpearon sin piedad.

775. Le cayó como anillo al dedo- Cuando algo llega en el momento en que más se necesita.

776. Le cayó como bombero apagando fuego- Le dio una paliza sin dejarlo reaccionar.

777. Le cayó la macacoa- Está pasando por un periodo de crisis.

778. Le cogió el lado flaco- Se está aprovechando de esa persona.

779. Le cogió el piso- Aprendió a dominar algo

780. Le corrió la máquina- Se está burlando de esa persona.

781. Le dan un dedo y quiere coger la mano completa- Abusa de la confianza.

782. Le debe a cada santo una vela- Está endeudado.

783. Le dieron como pandereta de aleluya- Le dieron una paliza.

784. Le dieron de arroz y de masa- Le dieron una paliza.

785. Le dieron gato por liebre- Lo engañaron.

786. Le dieron más patadas que una motora "inundá"- Le dieron una paliza.

787. Le dieron perico- Persona que no para de hablar.

788. Le dio de codos- No le quiso ayudar, lo ignoró.

789. Le dio pachó- Le dio vergüenza.

790. Le dio un trucutú- Le dio un susto.

791. Le dio un yeyo- Le dio un infarto

792. Le echó tierra en los ojos- Se escapó ante sus ojos.

793. Le entra por un oído y le sale por el otro- No hace caso a lo que le dicen, no le importa.

794. Le espantaron el ángel de la guarda- Le cayeron los problemas encima.

795. Le están dando agüita tibia- Están convenciéndolo poco a poco o le están dando tiempo.

796. Le están haciendo la camita- Están convenciéndolo poco a poco.

797. Le están metiendo las cabras al corral- Lo están engañando.

798. Le huye como el diablo a la cruz- Le tiene pánico a algo.

799. Le limpiaron la cacharra- Lo mataron.

800. Le mató el pollo en la mano- Le destrozó su argumento.

801. Le mete miedo al susto- Burla a una persona fea o una persona que le gusta pelear.

802. Le metió la feca- Le mintió.

803. Le metió las cabras- Le mintió.

804.   Le metió los mochos- Le mintió.

805.   Le patina el coco- Está un poco loco

806.   Le pide permiso a un pie para mover el otro- Es lento, vago.

807.   Le pidió la mano- Pidió permiso para casarse.

808.   Le puede hacer las vacaciones al diablo- Se dice cuando una persona es muy mala.

809.   Le puso el dedo en la llaga- Le tocó un tema que nadie se atrevía tocar.

810.   Le sacan el cuerpo- No se puede andar con esa persona, todos lo rechazan por su forma de ser.

811.   Le sacan punta a una bola de billar- Se burlan de cualquier cosa o le ponen doble sentido.

812.   Le sacaron el juego del buche- Después que un equipo va perdiendo gana.

813.   Le sale hasta en las sopas- La encuentra donde quiera.

814.   Le salió el tiro por la culata- Las cosas no le resultaron como esperaba.

815.   Le serrucharon el palo- Le quitaron el trabajo desde adentro.

816.   Le tiró bomba- Lo engañó.

817.   Le tiró un "pescao"- Le puso una trampa.

818.   Le van a dar y no son consejos- Advertencia a una persona que tenga cuidado porque la están velando para golpearla.

819.   Le vende el alma al diablo- Hace cualquier cosa por lograr lo que desea.

820. Libro cerrado, no saca letrado- Para aprender hay que estudiar mucho.

821. Libró la chiva- Pudo acertar una, o en adolescentes, tuvo su primera relación íntima.

822. Llegó el momento de la verdad- El momento crucial llegó, se debe resolver la situación.

823. Llora más que la Magdalena- Persona que se pasa la vida lamentándose.

824. Llueve y no escampa- No sale de los problemas, uno tras otro.

825. Lo barato sale caro- A veces por querer ahorrar terminamos gastando más.

826. Lo bueno dura poco- Todo se acaba.

827. Lo cogió por el cuello- Le llamaron la atención.

828. Lo cortés no quita lo valiente- No dar las cosas por sentado, no subestimar a las personas.

829. Lo dices y no lo sabes- No tienes idea de algo.

830. Lo fácil se pierde ligero- No confiarte.

831. Lo importante es competir, no ganar- No frustrarse por no haber ganado.

832. Lo importante no es saber, es tener el teléfono del que sabe- Contar con amistades que te resuelvan.

833. Lo llevan como el carrito del gas- Persona que vive agitada o le exigen mucho en el lugar de empleo.

834. Lo mal "quitao", llora por su dueño- Respetar la propiedad ajena.

835. Lo mejor que hizo Dios, fue un día detrás de otro- Tener paciencia y no apurarse en la vida.

836. Lo mismo raspa que pinta- En el plano sexual le gustan ambos sexos, persona que le da lo mismo lo que suceda.

837. Lo poco agrada, lo mucho enfada- No pasarse en los relajos y bromas.

838. Lo prometido es deuda- Cumplir lo que se debe.

839. Lo pusieron como chupa- Lo insultaron.

840. Lo que aquí se hace, aquí se paga- Toda maldad recibirá su castigo.

841. Lo que bien se aprende, no se olvida- El conocimiento siempre se mantiene si fue bien adquirido.

842. Lo que dejes para después, para después se queda- No postergar las cosas.

843. Lo que es del mar, al mar vuelve- Todo vuelve a su dueño, respeto por la propiedad ajena.

844. Lo que está por pasar pasará- La seguridad de que las cosas sucederán.

845. Lo que fácil llega, fácil se va- No creer que las cosas que son fáciles duran para siempre; se valora más lo que se obtiene con sacrificio.

846. Lo que hace Tarzán, lo hace Chita- Una persona hace algo y otra lo imita.

847. Lo que le queda es el roto y la peste- Burla a una persona delgada.

848. Lo que le queda es el solar y se lo debe al municipio- Burla a una persona delgada.

849. Lo que le quedan son dos recortes- Burla a una persona que está enferma o se ve mal.

850. Lo que nada nos cuesta, hagámoslo fiesta- Las personas no cuidan la propiedad ajena.

851. Lo que no conviene, se deja- Apartarse de lo que no te conviene.

852. Lo que no da por dentro, no duele- Se dice cuando una persona ignora comentarios mal intencionados.

853. Lo que no mata, engorda- Se dice cuando se te cae algo de comer al suelo y lo recoges.

854. Lo que no pasa en cien años, pasa en un día- Las cosas suceden de momento.

855. Lo que no sirve para asado, no sirve para cocido- Se refiere a una persona que no ayuda o no se desempeña bien donde lo colocan.

856. Lo que no va en lágrimas, va en suspiros- Actitud ante la vida.

857. Lo que se construye en el viento, no tiene rendimiento- Para todo hay que tener una base firme.

858. Lo que se da, no se quita- Compartir sin esperar nada a cambio.

859. Lo que se merece, no se agradece- Actitud de que todos tienen que hacer lo que esa persona quiere.

860. Lo robado, no luce- Respetar lo ajeno, incluyendo las parejas.

861. Lo tienen de mangó bajito- Lo tienen de abuso.

862. Lo tienen sentado en el baúl- La esposa lo domina.

863. Lo último que se pierde es la esperanza- Confiar en Dios.

864. Lo único que le falta es sarna pa' rascarse- Tiene todo en la vida.

865. Los años no pesan- Lo importante es como se sienta la persona y su actitud ante la vida.

866. Los niños hablan, cuando las gallinas mean- Se le dice a los niños para que no interrumpan a los adultos.

867. Los niños y los borrachos siempre dicen la verdad- Se aplica cuando se quiere acusar a alguien de algo y se basan en el testimonio de algún niño.

868. Los primeros días son ¿santo donde te pongo?- Muchas veces las personas son aduladoras porque esperan obtener un beneficio de ti, o (en los matrimonios y relaciones), todo comienza bien, pero luego va cambiando.

869. Los que se enojan (enhojan) son los pasteles- No enojarse con los demás.

870. Los sueños, sueños son- Hay que hacer la distinción entre los sueños y la realidad.

871. Los trabajos buenos no los pagan bien- Muchas veces nos topamos con personas malagradecidas.

872. Los trapos sucios, se lavan en casa- No comentar temas del hogar fuera de este.

873. Los valientes existen, mientras los cobardes lo permiten- Hay personas abusadoras, pero siempre habrá alguien que acabe con ese abuso.

874. Los zurdos no entran al cielo- Creencia generalizada de que todo lo de tendencia izquierdista es malo.

875. Macho que se respeta, no llora- Es de corte machista, indica que los hombres no deben llorar porque esto los hace débiles.

876. Madre es la que cría, no la que pare- La madre responsable se sacrifica ante todo por sus hijos.

877. Madre es una, padre es cualquiera- El papel fundamental de la madre en el hogar.

878. Mándame más si más me merezco- Expresión de desesperación.

879. Mañana será otro día- Tener esperanzas.

880. Más abajo vive gente, y son buenos vecinos- Siempre encontrarás personas que estén dispuestas a ayudarte.

881. Más altos son los postes y los perros los mean- No temer a nadie.

882. Más claro no canta un gallo- Dar algo por cierto.

883. Más dice el sabio cuando calla, que el necio cuando habla- Hablar cuando sea necesario y pensar antes de hablar.

884. Más largo que un día sin comer- Burla a una persona alta.

885. Más lejos es el cielo y si te lo ganas tienes que ir- No quejarse por que algún lugar quede lejos.

886. Más sabe el diablo por viejo, que por diablo- La sabiduría se adquiere con la edad.

887. Más vale algo que nada- Ser conforme y agradecido.

888. Más vale feo remiendo que bonito agujero- Hay que ser conforme.

889. Más vale maña que fuerza- La inteligencia te ayuda a afrontar las situaciones de una manera más fácil.

890. Más vale pájaro en mano, que cien volando- Ser agradecido.

891. Más vale poco y bien ganado, que mucho pero enfangado- Ser agradecido con lo que se tiene.

892. Más vale tarde que nunca- Atender las situaciones y no postergarlas.

893. Más vale un mal arreglo, que un buen pleito- A veces es mejor dialogar y resolver las cosas que ir a la corte a pasar malos ratos en procesos extensos.

894. Más vale un por si acaso que un lo pensaré- No exigir de más a las personas.

895. Más vale un toma, que dos te daré- Tomar las cosas según llegan.

896. Más vale uno colorado que 100 descoloridos- Ser agradecido.

897. Más viejo es el viento, y todavía sopla- No creer que por los años se pueden descartar las personas, artículos o enseres.

898. Mató dos pájaros de un tiro- Tuvo suerte y pudo realizar ambas gestiones.

899. Mató la gallina de los huevos de oro- No supo aprovechar lo que tenía y lo perdió.

900. Mató la que lo estaba matando- Se dice cuando alguien que tenía hambre, por fin come.

901. Me estoy comiendo un cable- Estoy en una situación difícil.

902. Me gustaría hacer todo lo que hizo el muerto, menos morirme- Tener todo lo que tuvo la persona.

903. Me importa tres pepinos- algo que no tiene importancia.

904. Me importa un pito- Algo que no tiene importancia.

905. Me voy a caballo y vengo a pie- No aceptar la situación.

906. Me voy a hacer de la vista larga- Ignorar algo, no darle importancia.

907. Mientras haya vida, hay esperanza- No perder la fe.

908. Mientras más conozco la gente, más amo a los animales- Es difícil trabajar con público.

909. Mirarme mal puedes, pero matarme no- Se le dice a una persona que te mira de mala manera.

910. Molesta como chinche e catre- Persona incordia.

911. Mono sabe, palo que trepa- Cada cual conoce sus virtudes y defectos.

912. Montado en el burro y no lo ve- No encuentra algo, pero lo tiene en frente.

913. Muchas navidades y ninguna Noche Buena- No tener suerte en el amor.

914. Muchos cocineros, dañan la comida- A veces los grupos grandes en vez de resolver, crean problemas.

915. Muerto el perro, se acaba la pulga- Resolver un problema.

916. Muerto, ¿quiere misa?- Darle a alguien lo que le gusta.

917. Mujer casada, huele a bala- Respetar a las mujeres casadas para evitar problemas serios.

918. Mujer precavida, vale por dos- Tener precaución.

919. Murió como el lirio, seco y sin perfume- Burla a una persona delgada.

920. Músico pago, no toca bien- Si pagas con anticipación te arriesgas a no recibir buen servicio.

921. Nació como la calabaza; con la flor en el culo- Tiene mucha suerte.

922. Nada puede dar, quien nada tiene- Si una persona no tiene bienes o buen corazón, no puede colaborar.

923. Nadie da nada a cambio de nada- Las personas ayudan, pero esperan recibir algo a cambio.

924. Nadie es profeta en su tierra- Es bíblico, indica que no te reconocerán méritos en tu territorio.

925. Nadie escarmienta por cabeza ajena- Para aprender hay que vivir tus propias experiencias.

926. Nadie está por nadie- Aprender a no depender de nadie.

927. Nadie sabe cuánto pesa la cruz, nada más que el que la carga- El que sufre, es el único que conoce la magnitud de sus problemas.

928. Nadie sabe lo que hay en la olla, nada más que la cuchara que lo menea- Nadie debe opinar porque eso es un asunto que deben resolver los involucrados.

929. Nadie sabe lo que tiene, hasta que lo pierde- Aprender a valorar lo que se posee.

930. Nadie se muere en la víspera- Todos tenemos nuestro día señalado para morir.

931. Nadie se muere, hasta que Dios no lo quiere- Tener paciencia y fe.

932. Nadie siente de mi gente- Son personas de buena reputación.

933. Ni fu, ni fa- No le importa nada.

934. Ni que fuera raza e cabro- Está sediento.

935. Ni son todos los que están, ni están todos los que son- Falta gente.

936. No aparece ni por los centros espiritistas- Desapareció.

937. No cantes victoria antes de tiempo- No adelantarte a los hechos.

938. No confíes en cataplasmas de higuereta- No confíes en todo lo que te dicen, ni en remedios baratos.

939. No da un tajo ni en defensa propia- Es un vago.

940. No dejes camino por vereda- Seguir el camino correcto.

941. No dejes para mañana, lo que puedas hacer hoy- No dilatar los asuntos.

942. No dice ni pío- No quiere hablar.

943. No dio pie con bola- No sirve para algo.

944. No ensucies el agua, para después tomártela- Se dice cuando una persona habla de forma negativa de alguien y luego está junto con esa persona.

945. No es hacer compra, es cargar los paquetes- Indica que no basta con lograr algo, hay que mantenerse.

946. No es lo lindo, es lo bueno que me ha salido- La calidad de las cosas.

947. No es lo mismo con guitarra que con violín- Algo que no es tan sencillo como creen.

948. No es lo mismo decirlo que hacerlo- Hay que pasar trabajo.

949. No es lo mismo llamar al diablo, que verlo venir- Estar en una situación es más difícil que ser un espectador.

950. No es lo mismo ni se escribe igual- No es tan fácil como creen.

951. No es lo mucho que jode, es lo corrido que lo hace- Molesta mucho.

952. No es lo que se dice, es como se dice- Saber usar las palabras y gestos de manera correcta.

953. No es que el toro sea tan toro; es que la vaca es inquieta- Burla a un hombre al cual su mujer le ha sido infiel.

954. No es que sean tan altos, es que estamos de rodillas- Todos somos iguales.

955. No es tan fiero el león como lo pintan- No juzgar sin conocer a las personas.

956. No expliques que confundes- Se le dice a una persona que está hablando de más.

957. No hagas hoy a nadie, lo que no quieres que te hagan a ti mañana- Todo lo que haces a otros regresa a ti.

958. No hay bebés feos, ni difuntos malos- Expone la hipocresía de mucha gente.

959. No hay mal, que por bien no venga- Tener esperanza en que todo pasa por algo bueno.

960. No hay mejor desprecio, que no hacer aprecio- Ignorar a una persona es su peor castigo.

961. No hay nada nuevo bajo el sol- Dios conoce todo, a la larga todo se sabe.

962. No hay peor ciego, que el que no quiere ver- No aceptar lo que es evidente.

963. No hay peor cuña, que la del mismo palo- No confiar mucho en los familiares o amigos cercanos.

964. No hay peor gestión, que la que no se hace- No pierdes nada con tratar de resolver algo.

965. No hay peor lucha, que la que no se da- Ser perseverante.

966. No hay que llegar primero, sino hay que saber llegar- Ser perseverante.

967. No hay que ser caballo para saber de carreras- Se puede aprender de todo en la vida.

968. No hay quien le beba el caldo- Es insoportable o está muy molesto

969. No hay quien le pida una hija- Persona de carácter difícil.

970. No hay regla sin excepción- Siempre hay algún escape.

971. No le busques las cinco patas al gato- No trates de saber más allá.

972. No le huelen ni las azucenas- Está enfermo.

973. No le paga ni una misa a un muerto- Es tacaño.

974. No le pierde ni pie ni "pisá"- Lo vigila constantemente.

975. No le quedan nada más que dos recortes- Burla a una persona que hace tiempo no ves o cuando una persona se ve enferma.

976. No lo salva ni el médico chino- Está muy enfermo o en serios problemas.

977. No lo salvan ni las once mil vírgenes- Está en serios problemas.

978. No mires la paja en el ojo ajeno, sin ver la viga en el tuyo- Es bíblico, quiere decir que no puedes juzgar a nadie porque tal vez estás peor.

979. No pienses, que te pones viejo- Se le dice a una persona que está muy distraída.

980. No pone ni con purina- Es una persona vaga.

981. No por mucho madrugar, amanece más temprano- Todo tiene su tiempo, no afanarse.

982. No prendas la estufa, si no vas a cocinar- No provoques.

983. No puedes tapar el cielo con la mano- Algo es evidente.

984. No rompe un plato, pero rompe la vajilla- Se dice de una persona que se ve humilde, pero hace maldades y lo contrario a lo que proyecta.

985. No se acuerdan de Santa Bárbara, nada más que cuando truena- Oran solo cuando hay necesidad.

986. No se le pega ni el catarro- No tiene suerte en para encontrar pareja.

987. No se pega ni bailando- No tiene suerte.

988. No se pierde ni un bautismo de muñecas- Está en todos lados.

989. No se puede andar por las ramas- Hay que afrontar las situaciones con seriedad.

990. No se puede arar sin bueyes- La ayuda de los demás es importante o prepararse antes de hacer algo.

991. No se puede cruzar el puente, sin llegar a el- No adelantarse a los hechos.

992. No se pueden contar los pollos, hasta que no nacen- Tener calma, no adelantarse a los hechos.

993. No se pueden engordar perros flacos porque te muerden- Las personas abusan de la confianza brindada.

994. No se pueden poner todos los huevos en la misma canasta- Hay que buscar opciones.

995. No se sabe ni la hora que es- Un problema muy serio.

996. No se toma un refresco por no botar las gases- Es una persona tacaña.

997. No siempre que hay barrunto llueve- Tener esperanzas.

998. No sirve ni para llevarle la puerca al barraco- No ayuda en nada o no es eficiente.

999. No solo hay que ser bueno, sino demostrarlo- Llevar una vida ejemplar.

1000. No sufras por calenturas ajenas- Si el problema no es tuyo, no te metas.

1001. No suelta el látigo- Persona abusadora o muy exigente.

1002. No te cortes con vidrio inglés- Tener precaución de no pisar algún excremento por el camino en que estamos pasando.

1003. No te duermas en las pajas- Está atento.

1004. No te lambas que no es "melao"- No te creas lo que no es.

1005. No te pegues que no es bolero- Mantener distancia.

1006. No te vistas que no vas- No pienses que tienes oportunidad de algo.

1007. No tiene dos dedos de frente- Algo que cualquier persona puede entender; no hay que ser muy inteligente para saberlo.

1008. No tiene ni "pa" mestura- Es muy pobre.

1009. No tiene pelos en la lengua- No tiene miedo en decir las cosas como las piensa.

1010. No tienes que hacer fila para los problemas, porque los problemas vienen en fila- No estamos exentos de problemas.

1011. No tires piedras, si tienes techo de cristal- No juzgues a nadie porque puedes estar peor.

1012. No todo el monte es orégano- No ser ingenuo.

1013. No todo el que llora, de pena llora- Persona hipócrita.

1014. No todo lo que brilla es oro- No dejarse deslumbrar.

1015. No todo lo que guinda se cae- No tener miedo.

1016. No va ni a coger billetes- Huir de alguna situación difícil.

1017. No van lejos los de adelante, si los de atrás corren bien- Perseverar.

1018. Nunca es tarde, si la dicha es buena- No perder la fe.

1019. Nunca falta un sábado en la semana- No estamos exentos de tener situaciones.

1020. Nunca hay una segunda ocasión, para causar una buena impresión- Trata de sorprender siempre y brindar tu mejor cara.

1021. O te peinas, o te haces rolos- Se le dice a una persona cuando está indecisa o quiere hacer varias cosas a la vez.

1022. Obra con amores y no con buenas razones- Ser genuino, ayudar de corazón.

1023. Ojo por ojo y diente por diente- Igual castigo o la venganza.

1024. Ojos que no ven, corazón que no siente- Si no presencias algo tal vez puedas dudar de que sea cierto o te afecta menos.

1025. Ojos que te vieron ir, ojos que no te volverán a ver- No regreses.

1026. Olvídate de los pececitos de colores- No seas ignorante o ese no es el asunto que se va a discutir.

1027. Olvídate, más se perdió en la guerra- Resignarse a la pérdida.

1028. Pa' adivino Dios- Solo Dios puede saber las cosas, se dice cuando ignoramos algo.

1029. Pa' la leche que da la vaca, que se la beba el becerro- Se dice cuando algo es muy poco.

1030. Pa' lo que falta, que venga el resto- Aceptar las cosas como vienen.

1031. Pa' luego es tarde- Hacer lo que se tiene que hacer, no esperar.

1032. Pa' pichón, mucho voló- No tenían fe en la persona, pero logró un buen desempeño en algo.

1033. Pa' que me velen que me pidan- Expresión de molestia cuando una persona se siente perseguida.

1034. Paga para que te acredites- Ser responsable.

1035. Pagan justos por pecadores- Inocentes sufren las consecuencias por los actos de otros.

1036. Palo si bogas y palo si no bogas- Hagas algo o no, como quiera pelean o lo encuentran mal.

1037. Para atrás ni para coger impulso- Ser persistente.

1038. Para el gusto se hicieron los colores- Cada cual tiene sus propios criterios.

1039. Para el vicio de pedir, está la virtud de no dar- Tienes total discreción si le das algo a un méndigo o no.

1040. Para muestra con un botón basta- Algo que es obvio.

1041. Para nadar hay que tirarse al agua- Para lograr algo tienes que aventurarte a hacerlo.

1042. Para pelear se necesitan dos- Negarte a continuar con discusiones con alguien.

1043. Para que falte, que sobre- Tener abundancia.

1044. Para que se lo coman los gusanos, que lo disfruten los humanos- No dejar perder algo.

1045. Para que se pierda, que me haga daño- No desperdiciar las cosas.

1046. Para ser bruto no hay que ir a la escuela- Se le dice a una persona ignorante.

1047. Para un padre, no hay hijo feo- Los padres aman incondicionalmente.

1048. Parece "criao" con leche "pedía"- De constitución débil.

1049. Parece que come del fondo de la olla- Persona que siempre que hace algo al aire libre, llueve.

1050. Parece que salió del galillo de la vaca- Tiene la ropa estrujada.

1051. Parece un sahorí- No se queda quieto.

1052. Pasó a chavo de pan- Algo que pasó muy cercano.

1053. Pasó a mejor vida- Murió.

1054. Paso a paso, se llega lejos- Ser perseverante.

1055. Pasó como un rabo e junco- Pasa una o dos veces al año para anunciar mal tiempo.

1056. Pasó la prueba de fuego- Superó algo difícil.

1057. Patada de yegua, no mata caballo- Hay situaciones, pero tenemos que seguir adelante porque nos hacen más fuertes.

1058. Perfume bueno, viene en frasco pequeño- La calidad y también levanta la autoestima de la persona baja en estatura.

1059. Perro flaco, soñando con longaniza- Se dice cuando aspiras a algo difícil de obtener o inalcanzable.

1060. Perro que ladra, no muerde- No dejarte llevar porque una persona parezca violenta.

1061. Perro viejo, no aprende truco nuevo- Alguien que no va a cambiar.

1062. Ponce es Ponce- El orgullo ponceño.

1063. Por dinero, baila el mono- El dinero hace que la persona se corrompa.

1064. Por encima de los gandules- Se dice cuando una persona hace algo extraordinario.

1065. Por la verdad murió Cristo- La verdad ante todo.

1066. Por las buenas hasta el infierno, por las malas ni de aquí a la esquina- Para convencer a alguien trátalo bien.

1067. Por las vísperas, se sacan los días de fiesta- Todo tiene su razón de ser.

1068. Por un tubo y siete llaves- Muchos, en abundancia.

1069. Pórtate bien si quieres mestura- Se le decía a los niños para poder darles algún acompañante para el arroz.

1070. Predica la moral en calzoncillos- Persona que te dice que no hagas algo, pero ella lo hace.

1071. Preguntando, se llega a Roma- Aprender todo lo que se pueda, no quedarte con dudas.

1072. Primero fue sábado que domingo- Se dice cuando una persona fue novio de otra persona antes que su pareja actual.

1073. Probando es como se guisa- Atreverte a descubrir.

1074. Pueblo chico, campana grande- Muchos chismes, todo se sabe.

1075. Puedes sacar la persona del campo, pero no el campo de la persona- Burla a una persona ignorante.

1076. Puso la olla al revés- Te desea mal.

1077. Puso un huevo- Cometió un error.

1078. Que Dios reparta suerte- Cuando hay alguna situación difícil y la persona no quiere intervenir.

1079. Que mal nos va- Lamentación o frustración.

1080. Que me quiten lo "bailao"- Nadie te puede quitar lo que has vivido.

1081. Que sea lo que Dios quiera- Dejar que las cosas pasen como tienen que pasar.

1082. Qué suerte tienen los que no se bañan- Persona muy afortunada.

1083. Quédate y madruga- Cuando una persona no se quiere ir de un lugar.

1084. Querer es poder- Ser perseverante.

1085. Quien bien te quiere, te hará llorar- En toda relación hay momentos de crisis.

1086. Quien mal anda, mal acaba- Si estás en malos pasos sabes lo que te puede pasar.

1087. Quien más mira, menos ve- A veces nos fijamos en todo, menos en lo que debemos fijarnos en realidad.

1088. Quiere cagar más arriba del culo- Es una persona pretenciosa que quiere darse vida de rico, siendo pobre.

1089. Quiere estar con Dios y con el diablo- Dice una cosa, pero hace otra.

1090. Quiere ganar indulgencias con escapulario ajeno- Se aprovecha de los demás para lograr lo que desea.

1091. Quiere ser más papista que el Papa- Persona puritana y moralista.

1092. Quítate tu, pa' ponerme yo- Es una persona que no pierde oportunidad de tener el puesto que otro ocupa.

1093. Recoge tus gallinas que voy a soltar mi gallo- Se dice cuando uno tiene un hijo adolescente que está en busca de chicas.

1094. Recordar es vivir- Los recuerdos bonitos nos alegran la vida.

1095. Roma no se hizo en un día- Tener paciencia.

1096. Roncamos porque podemos- Cuentan con dinero o amistades que los respalden.

1097. Sale más caro el candil que la vela- A veces se pasa mucho trabajo para obtener algo.

1098. Salió bien ganso- Una persona que es bien lista.

1099. Salió de Guatemala, para meterse en guata peor- Su situación empeoró.

1100. Salió más caro el fuete, que el caballo- Costó mucho sacrificio.

1101. San Judas, manda la carreta que aquí hay quien la hale- Se dice de una persona ignorante o bruta.

1102. Santo que no me quiere, con no rezarle tengo- Ignorar a quien no te quiere.

1103. Sarna con gusto no pica y si pica no mortifica- No preocuparse por los problemas.

1104. Se acabó el pan de piquito- Se terminaron los beneficios o las consideraciones.

1105. Se acabó la peseta- Se terminó el viaje.

1106. Se acabó lo que se daba- Se terminaron los beneficios o finalizó la fiesta.

1107. Se ahoga en un vaso de agua- Crea una crisis de algo simple.

1108. Se cayó como una guanábana- Sufrió una caída estrepitosa.

1109. Se cazan mas moscas con miel, que con veneno- No se puede ser violento, hay que ser astuto.

1110. Se come para vivir, no se vive para comer- Evitar la gula.

1111. Se comió un hombre- Cuando una persona está buscando pelea.

1112. Se comió un payaso- Cuando una persona está muy chistosa.

1113. Se comió una cotorra- Cuando una persona no para de hablar.

1114. Se cree la última Coca cola del desierto- Es prepotente, altanero.

1115. Se cree que eso es mear y sacudir- Piensa que algo es muy sencillo.

1116. Se cree que los perros se amarran con longanizas- Persona ignorante.

1117. Se cree que porque los lagartijos se trepan a los postes son electricistas- Cree que algo es sencillo o que una persona es tonta.

1118. Se cree un 4 de julio- Prepotente, altanero.

1119. Se defiende más que un gato boca arriba- No se deja fastidiar de nadie.

1120. Se deja caer para que lo carguen- Se aprovecha de las circunstancias.

1121. Se dice el pecado, pero no el pecador- No comentar todo lo que se sabe.

1122. Se dio un "lavao" de gato- Se bañó rápido.

1123. Se durmió en los tres segundos- No actuó rápido.

1124. Se encontró con el cura de su pueblo- Puede abusar de todo el mundo menos con esa persona que le pone un alto.

1125. Se está curando en salud- Dejar las cosas claras.

1126. Se está pasando pa' lo "sembrao"- Está buscando problemas o metiéndose en lo que no debe.

1127. Se formó el jolgorio- Se formó la fiesta

1128. Se formó tremendo tostón- Se formó un problema serio.

1129. Se fue a dormir con las gallinas- Se acostó muy temprano.

1130. Se fue como guineo en boca de vieja- Algo rápido.

1131. Se fue como pan caliente- Algo que se vendió rápido.

1132. Se fue con los Panchos- Murió.

1133. Se hace lo que se puede- Ser conforme.

1134. Se hizo la luz- Se resolvió algo.

1135. Se juntó el hambre, con las ganas de comer- Cuando se encuentran dos personas que son parecidas en su comportamiento.

1136. Se las pasó con fichas- Le dio largas a un asunto o no quiso agredirlo.

1137. Se lavó las manos como Pilato- No quiso involucrarse en un asunto.

1138. Se le fue el avión- Se está volviendo loco, perdió alguna oportunidad.

1139. Se le fueron los hunos a la cabeza- Se cree famoso y se vuelve déspota.

1140. Se le viró la tortilla- No le salieron las cosas como esperaba o el mal que haya hecho se le revocó.

1141. Se le llenó el cuarto de agua- Está en una situación difícil.

1142. Se le moja la canoa- Se dice de una persona que cuando bebe busca enamorar personas de su mismo sexo o comienza a actuar con manerismos.

1143. Se le pasea el alma por el cuerpo- Una persona muy buena, muy humilde.

1144. Se le pegó la frisa- Se quedó dormido, se levantó muy tarde.

1145. Se le perdió la soga y la puerca- Tiene mala suerte.

1146. Se le prendió el bombillo- Pensó, se le ocurrió algo.

1147. Se le pusieron los huevos a peseta- Se le pusieron las cosas difíciles.

1148. Se le puso la piña agria- No la está pasando muy bien.

1149. Se le quemó el cerebro- Indica que una persona es torpe.

1150. Se le ve la costura- Se descubrió lo que planificaba o no es lo que quiere aparentar.

1151. Se levantó con el moño "parao"- Está molesta.

1152. Se levantó con el pie izquierdo- Está molesto.

1153. Se lleva hasta los clavos de la cruz- Es pillo.

1154. Se lo come un caballo sin dientes- No sabe valerse por si mismo.

1155. Se lo llevó Pateco- Murió.

1156. Se lo pasa por donde no le da el sol- Simplemente no le importa.

1157. Se lució el chayote- Se dice cuando una persona se pone a hacer ridiculeces.

1158. Se metió en la boca del lobo- Está donde están los problemas.

1159. Se para en un peso y le sobran 99 chavos- Burla a una persona delgada.

1160. Se puede mandar a buscar la muerte con él- Es muy lento.

1161. Se puso la cosa "pelúa"- El problema es serio.

1162. Se puso la soga al cuello- Se casó.

1163. Se quedó sin la soga y sin la cabra- Por estar pendiente a otras cosas lo perdió todo.

1164. Se quedó vestido y alborotado- Esperó algo con ansias y al final no sucedió o se canceló.

1165. Se quiere tirar el peo más grande que el culo- Quiere hacer alguna actividad por todo lo alto sin tener los recursos.

1166. Se reparten con la cuchara grande- Se aprovechan de la situación.

1167. Se sacaron los trapitos al sol- Se dijeron las verdades.

1168. Se tiró de pecho- Se arriesgó.

1169. Se toca con los ojos y se mira con las manos- Se le dice a los niños para que no toquen algo.

1170. Sea la madre de los tomates- Expresa frustración y coraje.

1171. Secreto en reunión, es mala educación- Cuando hay un grupo, no hablar en secreto, porque se puede interpretar como que estás comentando algo de los presentes.

1172. Según Dios da la llaga, da el remedio- Dios no te desampara.

1173. Según es el bejuco, así debe ser el ñame- Lo que hay al final debe ser algo muy bueno.

1174. Según es el pájaro, así es el nido- Lo que se puede esperar de una persona.

1175. Según es el santo, es el milagro- Lo que se puede esperar de una persona.

1176. Ser jíbaro es cosa mala- Burla a una persona ignorante.

1177. Ser pobre no es sinónimo de ser puerco- La importancia de la limpieza en los hogares.

1178. Si así es el infierno, que me lleve el diablo- Piropo que se dice cuando una mujer es bella.

1179. Si cae un guaraguao, se mata- Se dice cuando una persona desyerba, pero deja los tallos de las plantas mal cortados.

1180. Si como caminas cocinas, yo me como hasta el "pegao"- Piropo a una chica para decirle que se ve bien.

1181. Si dejas la puerta abierta, por ahí entra el ladrón- Tener precaución.

1182. Si del cielo te caen limones, aprende a hacer limonada- Atender las situaciones como llegan.

1183. Si Dios bebiendo aquí nos tiene, debe ser que nos conviene- Compartir con las amistades.

1184. Si Jesús viene hoy, te quedas- Se le dice a una persona que está haciendo cosas malas o burla a una persona que no asistió a la iglesia.

1185. Si la carne está en el garabato, no es por falta de gato- No creerte lo que no es.

1186. Si la muerte no te embellece, no hay cura que te rece- Burla a una persona fea.

1187. Si la vida te da la espalda, tócale el culo- No dejarse vencer por nada.

1188. Si las miradas mataran, yo estaría siete pies bajo tierra- No importarle que las personas le miren mal.

1189. Si llega a ser perro te muerde- Cuando no encuentras algo, pero está frente a ti.

1190. Si lo pican no bota ni gota de sangre- Está furioso.

1191. Si Mahoma no va a la montaña, la montaña va a Mahoma- Tomar la decisión de enfrentar la situación que se te presente.

1192. Si no es Juan, es Pedro- Alguien lo hizo.

1193. Si no la hace a la entrada, la hace a la salida- Siempre comete un error o crea un problema.

1194. Si no le ve los huevos al perro no sabe que es macho- Pone todo en duda.

1195. Si no puedes con el enemigo, únete- A veces hay que hacer causa común para lograr algo.

1196. Si por carne maúllas, aquí está la tuya- Piropo que se le dice a una mujer para indicarle que uno está disponible.

1197. Si por mi llueve que escampe- No importarle nada.

1198. Si quieres paz, prepárate para la guerra- Para lograr lo que deseas tienes que batallar.

1199. Si se cae, come yerba- Es una manera de decirle bruto a alguien.

1200. Si se le quema la casa no se pierde nada- Está bien vestido y arreglado.

1201. Si se lo meten grita, si se lo sacan llora- No es conforme, protesta por todo.

1202. Si se pone mejor, se daña- Cuando algo está muy bueno.

1203. Si te coge la "Winston" te empaca- Se dice cuando una persona tiene el pantalón metido en el fundillo.

1204. Si te he visto, no me acuerdo- Ignorar a alguien.

1205. Si veneno tiene, no me mata- Se dice cuando reparten algo y a ti no te toca nada.

1206. Siempre critica quien menos puede- Las personas hablan mal de alguien, pero ellas están peor.

1207. Sigue criando cachaza- Sigue incrementando malos hábitos.

1208. Sigue durmiendo de ese "lao"- No te confíes.

1209. Sobre los gustos no hay nada escrito- Eres libre de escoger a quien quieras.

1210. Sobre mi cabeza la mantilla- Tener la conciencia tranquila.

1211. Solo muere lo que se olvida- Una persona puede morir pero su legado puede perdurar para siempre.

1212. Soltero maduro, pato seguro- Creencia de que el hombre que no se casa es porque es homosexual.

1213. Son muchos los hijos del muerto- Aparecen muchas personas cuando algo se va a repartir.

1214. Son tal para cual- Son iguales o muy parecidos.

1215. Son una combinación de "pitcher" y "catcher"- Se ayudan mutuamente.

1216. Soñar no cuesta nada- Tener fe.

1217. Soy boricua de pura cepa- Orgulloso de ser puertorriqueño.

1218. Soy del campo, pero me recorto en el pueblo- No soy ignorante.

1219. Sudó la gota gorda- Le costó sacrificio y esfuerzo.

1220. Tan bonita la dentadura y tan mala la pronunciación- Es mal hablado.

1221. Tan linda la jaula y tan feo el pichón- Burla a una persona fea.

1222. Tantas curvas y yo sin frenos- Piropo a una mujer bonita.

1223. Tanto está la gotera sobre la piedra, hasta que hace un roto- La insistencia en las cosas.

1224. Tanto estuvo el diablo bregándole con los ojos al niño, hasta que se los sacó- Se dice cuando alguien rompe algo, ya sea por entremetimiento o porque trató de arreglarlo sin saber.

1225. Tanto fue el cántaro a la fuente, hasta que por fin se rompió- La insistencia en las cosas.

1226. Tanto nadar, para morir en la orilla- Te sacrificas pero al final no logras nada.

1227. Tanto peca el que mata la vaca, como el que le aguanta la pata- Tan culpables son, el que realiza la maldad como el que le ayuda.

1228. Tanto tiempo en el campo y no conoces la "malojilla"- Aprender a sobrevivir.

1229. Te conozco bacalao, aun que vengas "disfrazao"- Ya se sabe el tipo de persona que es.

1230. Te va a correr la burra- Pensamiento popular sobre si no te casas.

1231. Tengo siete pellejos, me sacan seis me queda uno- No importarle lo que diga la gente.

1232. Tiempo que corre, verdad que huye- Investigar las cosas rápido.

1233. Tiene boca para vender pasteles- Habla en un tono muy alto.

1234. Tiene cosas de perro "capao"- Es ignorante.

1235. Tiene el moco bajito- Está desanimado.

1236. Tiene el pelo como ardilla que trepa poste- Tiene el pelo enredado.

1237. Tiene el pelo como esponja Brillo- Tiene el cabello enredado.

1238. Tiene el pelo como mapo e presidio- Tiene el cabello enredado.

1239. Tiene el pelo como pepa de jobo- Tiene el pelo enredado.

1240. Tiene el pelo como sillón de carro público- Tiene el pelo enredado.

1241. Tiene el sartén agarrado por el mango- Tiene el control de la situación.

1242. Tiene la mancha de plátano- Es puertorriqueño.

1243. Tiene la musiquita por dentro- Se dice cuando una persona se ve bien tímida, pero no lo es.

1244. Tiene la pata "alza"- Le gusta estar en la calle.

1245. Tiene la zapatilla rota- No para de orinar.

1246. Tiene las espuelas que se le cruzan- Es muy astuto.

1247. Tiene los ojos como vaca que va "pa'l" risco- Está asustado.

1248. Tiene más cara que la tapa del dron- Burla a una persona que tiene la cara amplia.

1249. Tiene más cara que un rollo de pesetas- Burla a una persona que tiene la cara amplia.

1250. Tiene más chichones que un saco de cocos- Está gordo.

1251. Tiene más cuadros que un museo- Cuando usas una camisa de cuadros.

1252. Tiene más dientes que un saco de ajos- Burla a una persona por tener los dientes grandes.

1253. Tiene más dientes que una catalina de Ford- Burla a una persona por tener los dientes grandes.

1254. Tiene más dientes que una finca de conejos- Burla a una persona por tener los dientes grandes.

1255. Tiene más entradas que Plaza las Américas- Burla a un calvo.

1256. Tiene más esperanza que una chilla esperando matrimonio- Espera algo ansiosamente, aun cuando parece imposible.

1257. Tiene más frente que un "truck" Mack- Burla a una persona de frente amplia.

1258. Tiene más leche que un palo de teta- Tiene suerte.

1259. Tiene más prendas que la puerca de Juan Bobo- Está lleno de joyas.

1260. Tiene más raíces que el palo de ceiba- Se dice cuando una persona lleva tiempo sin teñirse el cabello y ya se le ve su color original.

1261. Tiene más rayas que una menta- Cuando usas ropa con rayas.

1262. Tiene más sombra que un palo de mangó- Una mujer maquillada en exceso.

1263. Tiene más vidas que un gato- Tiene suerte.

1264. Tiene novia a lo adivino- Está ilusionado con alguien, pero no se lo dice.

1265. Tiene oídos de tísico- Escucha todo, incluyendo lo que no debe.

1266. Tiene un "lambío" de vaca- Se peinó hacia atrás con el cabello bien aplastado

1267. Tiene un juey en el bolsillo- No quiere usar su dinero, es tacaño.

1268. Tiene una carta bajo la manga- Tiene una idea o algo para trabajar un asunto.

1269. Tiene una nota, que ni el supermercado se la despacha- Está drogado o borracho.

1270. Tira la piedra y esconde la mano- Le gusta hacer maldades y después alega que no las hace.

1271. Tírate que está llanito- Indica que te arriesgues a hacer algo.

1272. Toda carrera tiene su fin- Los problemas no son eternos.

1273. Todo depende del color del cristal con que se mire- La actitud en la vida te ayudará a solucionar problemas.

1274. Todo el mundo es generoso dando lo que no es de ellos- Hay personas, especialmente los políticos, que brindan ayudas porque el dinero no es de ellos, pero si fuera de ellos, no lo daban.

1275. Todo en exceso hace daño- Ser comedido.

1276. Todo lo que está del mar para acá, es de nosotros- Dios nos entregó el mundo para que lo disfrutemos.

1277. Todo lo que me gusta, o hace daño o es pecado- Todo acto tiene consecuencias.

1278. Todo lo que se menea no se cae- No dar las cosas por cierto y no temer.

1279. Todo lo que sube, tiene que bajar- Ley de gravedad de que nada se mantendrá eternamente arriba.

1280. Todo tiempo pasado fue mejor- Añorar lo que ya pasó.

1281. Todos los días se sale al río a pescar, pero no todos los días se pesca- No todos los días tendrás suerte.

1282. Todos los días se tira un bobo a la calle- Burla a una persona tonta.

1283. Todos somos hijos de Dios- Todos somos iguales.

1284. Toro sabe, del palo que se rasca- Actúa según las circunstancias.

1285. Trabaja pa' que tengas- No depender de los demás.

1286. Tragando aunque sea saliva- Ser conforme.

1287. Tú crees que yo vine en el barco de los pendejos- No subestimar a las personas.

1288. Tú y yo somos dos, te mueres tu y me quedo yo- La vida continúa.

1289. Un clavo saca otro clavo- Nadie es indispensable.

1290. Un diablo se parece a otro diablo- Toda persona mala es igual.

1291. Un mal, con un bien se paga- No devolver mal con mal.

1292. Un matrimonio sin cuernos, es como un jardín sin flores- Lamentablemente, se ha tolerado la infidelidad.

1293. Un minuto de vida, vida es- Valorar la vida, tener fe.

1294. Un peo no es gente y el que se lo tira menos- Indica que una persona es puerca.

1295. Un rayo no cae dos veces en el mismo sitio- Pensar positivo.

1296. Un vago bien cuidado dura mil años- Crítica a una persona vaga.

1297. Una al año, no hace daño- La moderación en las cosas.

1298. Una cosa es llevar el burro al río y otra que beba el agua- Burla a una persona torpe.

1299. Una mano lava la otra- Saber hacer las cosas.

1300. Una manzana podrida, daña las demás- Una persona puede descontrolar un grupo o ser mala influencia.

1301. Una persona sin ideal, es como un viajero sin brújula- Lo importante de tener aspiraciones en la vida.

1302. Una sola golondrina, no hace verano- No darle importancia a algo o a alguien.

1303. Una sola vez no se necesita- Ser agradecido.

1304. Una sonrisa no cuesta nada, pero vale mucho- Sonreír siempre.

1305. Uno es esclavo de lo que dice y dueño de lo que calla- Tener cuidado con lo que se dice.

1306. Uno no sabe para quien trabaja- A veces sale beneficiado otra persona por tu sacrificio.

1307. Uno se muere una sola vez- La muerte es segura.

1308. Unos nacen con estrellas y otros nacen estrellados- Unos tienen suerte y otros no.

1309. Unos son dependientes y otros son marchantes- En todo problema, hay unos que buscan la solución y otros que esperan que los demás lo resuelvan.

1310. Va a la mar y la encuentra seca- Sale a buscar algo y no lo encuentra.

1311. Va como alma que lleva el diablo- Va rápido.

1312. Va con el credo entre los dientes- Está asustado o pidiendo con fe.

1313. Va para atrás como el cangrejo- La situación es difícil, no tiene suerte.

1314. Va volando bajito- Va manejando a exceso de velocidad

1315. Vale lo que pesa en oro- Es una gran persona.

1316. Vale más muerto que vivo- No aparece.

1317. Vamo' animal la fiesta- Se le dice a una persona torpe.

1318. Vamos a hablar a calzón "quitao"- Hablar sin tapujos, con la verdad.

1319. Vas a durar 100 años más- Se dice cuando una persona llega y justo antes, la estaban mencionando.

1320. Vendrán días mejores- Habrá otras oportunidades.

1321. Vete con Dios y la Virgen y todos los santos- Bendición dada por los padres a los hijos, antes de salir del hogar.

1322. Vida por vida, primero es la mía- En cualquier peligro tienes que tratar de salvarte tu primero.

1323. Vísteme despacio, que voy de prisa- Hacer las cosas como se tienen que hacer.

1324. Vive cada día como si fuera el último- Disfrutar la vida porque no sabes lo que pueda pasar mañana.

1325. Vive donde el diablo pegó el grito- Vive lejos.

1326. Vive en el quinto coño o en las ventas de la puñeta- Vive lejos.

1327. Vive en las sínsoras o en el jurutungo viejo- Vive lejos.

1328. Y tu abuela, ¿a 'onde 'sta?- Pregunta que se le hace a una persona para que recuerde que tiene herencia africana.

1329. Ya Abraham Lincoln liberó a los esclavos- Indica que no te aproveches de una situación ni de una persona.

1330. Ya es tarde pa' ablandar habichuelas- El tiempo ya pasó, no hay más oportunidad.

1331. Ya los pájaros le tiran a las escopetas- Se dice cuando una persona se subleva contra otra.

1332. Ya los ricos están hechos- Indica que no hay que esforzarse más, porque no tendrás beneficios adicionales.

1333. Ya no se compra en hoja de malanga- Las cosas están caras, los precios han subido.

1334. Yerba mala, nunca muere- Se dice cuando una persona se recupera de una enfermedad.

1335. Yo conozco el buey que faja y la víbora que pica y la mujer que se mete sin permiso en la botica- Estar atento siempre.

1336. Yo tengo malos sueños pero no malos gustos- Persona que indica que no le atrae físicamente alguna persona porque no la considera atractiva.

1337. Yo soy boricua, pa' que tu lo sepas- Describe el orgullo patrio.

1338. Yo soy negro pero no esclavo- No querer hacer lo que otro quiere, no servirle de sirviente.

1339. Yo soy pobre y malagradecido- No querer algo.

1340. Yo te cojo bajando- Indica que cuando estés descuidado, la otra persona te cobrará lo que le debes o te atacará.

1341. Zapatero a su zapato- Cada cual a lo suyo.

1342. Zapato que me quito, no me lo vuelvo a poner- Cuando terminas una relación de forma definitiva.

Bibliografía

El español en el mundo. Situación actual del español en...
www.Cvc.cervantes.es/../p09..htm

Español de Puerto Rico-Traducción- Trusted Translations
www.traduccion.trustedtranslations.com

Lengua de Puerto Rico: historia y presente, Enciclopedia de Puerto Rico.
www.enciclopediapr.org/esp/print_ve...

Puerto Rico Español: El español hablado de Puerto Rico
www.Puertoricoespanol.blogspot.com2009

Observación y estudio de los ciudadanos de Puerto Rico realizada por
mí desde el año 2000 hasta el 2012.

Agradecimientos

La realización de este libro no habría sido posible sin la ayuda Dios que me dio la oportunidad de desarrollarlo y me permitió llegar a tantos lugares para completar todo este trabajo. A toda esa gente que escuché hablando en las plazas, supermercados, colmados, barrios y cualquier otro lugar; les debo todo este proyecto. Cada vez que escuchaba alguna frase, crecía más mi interés por crear esta obra. En mi comunidad, gracias a mis trabajos como líder comunitario, pude adquirir gran cantidad de palabras y frases que aquí quedarán plasmadas para siempre. Mi mayor agradecimiento a mi Puerto Rico bello por su defensa y enriquecimiento del idioma español.